생수의 강에서 물 한 그릇

KB191342

생수의 강에서 물 한 그릇

초판발행일 | 2019년 6월 29일

지은이 | 김상현
펴낸곳 | 도서출판 황금알
펴낸이 | 金永馥

주간 | 김영탁
편집실장 | 조경숙
인쇄제작 | 칼라박스
주소 | 03088 서울시 종로구 이화장2길 29-3, 104호(동숭동)
전화 | 02) 2275-9171
팩스 | 02) 2275-9172
이메일 | tibet21@hanmail.net
홈페이지 | http://goldegg21.com
출판등록 | 2003년 03월 26일 (제300-2003-230호)

값은 뒤표지에 있습니다.

ISBN 979-11-89205-37-9-03230

생수의 강에서 물 한 그릇

김상현 신앙묵상집

황금알

머리글

목 말라보지 않은 사람은 물 한잔의 고마움을 알지 못합니다. 타는 듯한 갈증에는 오직 시원한 물 한잔을 마시는 것만으로 행복해집니다.

인생에서 영혼에 목마름을 해갈시켜 주실 분은 예수 그리스도입니다. 그분이 생수입니다.

그분은 물을 길으러 온 사마리아 여인에게 말합니다. "내가 주는 물을 마시는 사람은 영원히 목마르지 않을 것이다. 내가 주는 물은 그 사람 속에서 샘물처럼 솟아올라 영원히 살게 할 것이다"(요한복음 4장 4절, 공동번역).

묵상하면서 믿음의 형제들과 나눈 단상을 모아 한 권의 책으로 내놓습니다. 영혼이 목마른 분들에게 이 책이 마치 생수의 강에서 물 한 그릇을 얻는 기쁨이 되기를 소망합니다.

차례

1. 성찰을 통한 인생 들어다 보기

4. 영혼에 관한 묵상

5. 교회와 신앙

1. 성찰을 통한 인생 들어다 보기

"생명 있는 모든 것은 아픔을 동반합니다. 낙엽의 바스락
거림이 바람 소리가 아닌 아픔의 소리로 인식된다면, 이
가을은 서럽도록 깨끗하게 다가올 것입니다. 세상의 모
든 정갈한 것은 슬픔을 안고 있기에 더욱 그렇습니다."

거멀장한 인생

제 시집 중에 『거멀장한 바가지가 아름답다』라는 시집이 있습니다. 대부분 사람들이 '거멀장'이라는 우리말을 모르기 때문에 책 제목의 의미를 알지 못합니다.

우리 선조들이 장롱이나 뒤주에 금이 가면 더 이상 사이가 벌어지지 않도록 디귿(ㄷ)자 모형의 못으로 고정을 하였는데 이 못을 '거멀못'이라고 하고 이렇게 거멀못을 이용해서 고정시키는 행위를 '거멀장하다'라고 말합니다.

플라스틱 바가지가 나오기 전에는 박으로 만든 바가지를 사용했었지요. 박으로 만든 바가지는 함부로 다루거나 오래 쓰다 보면 곧잘 깨지곤 하였는데 검소함이 몸에 밴 우리 선조들은 금이 가거나 깨진 바가지를 실로 꿰매서 사용하였습니다. 이제 제 시집의 제목이 무엇을 말하는지 이해하였으리라 생각합니다. 즉 "거멀장한 바가지가 아름답다"라는 말은 '꿰맨 바가지가 아름답다'라는 말입니다.

흠이 없는 인생은 없습니다. 수 없이 많은 실수와 시행착오가 있는 게 우리네 인생입니다. 우리의 삶은 하나님께 죄를 범하고 이웃에게 잘못한 일이 비일비재합니다. 그럼에도 불구하고 우리는 죄를 고백하고, 잘못을 뉘우치며 우리 스스로를 다듬어 보다 나은 인생을 살아보려고 노력하게 됩니다. 인생이 아름다운 것은 이런 반성의 삶이 있기 때문입니다.

바로 거멀장한 인생이 아름다운 것입니다. 우리가 주일에 교회에 나오는 것도 내 자신의 삶을 예수님의 말씀에 비추어 보며 잘못된 부분들을 고치기 위함입니다.

성경은 해 아래 새것이 없다고 하였습니다. 깊은 성찰과 반성은 금가고 깨진 인생을 꿰매는 실과도 같습니다.

사랑하는 여러분! 어딘가 모자라고 부족한 자신을 부끄러워하지 마십시오. 꿰맬 수 있기에 인생은 아름답습니다. 이웃을 탓하지 마십시오. 당신이 보고 있는 이웃의 불편한 점은 '거멀장한 흔적'입니다. 꿰맨 흔적이 많을수록 그 인생은 더 풍요롭고 아름답습니다.

그대 비탈에 서 있는가

산의 속살이 훤히 들어다 보이는 겨울산은 어딘가 친근감을 느끼게 합니다. 특히 잎새가 지고 가지만 앙상한 나무들의 모습에서 바람 한 줌도 붙잡지 않은 청빈함과 탐욕을 멀리하는 구도자와 같은 엄숙함을 느끼게 됩니다.

이처럼 무성했던 숲이 사라지고 산과 나무들만이 제 모습을 그대로 드러내는 청량한 풍경이 좋아서 나는 겨울산을 좋아합니다. 그런데 겨울산을 오르다 보면 산은 비탈져도 나무들은 하늘을 향해 곧게 서 있는 모습을 볼 수 있습니다. 비탈에 선 나무들은 모진 비바람을 몸으로 견뎌내며 또 일조권을 확보하기 위해 주변 나무들과 치열한 경쟁을 하며 자랍니다. 이런 이유로 비탈의 나무들은 평지에 있는 나무들보다 더 단단하며 키가 더 크게 자랍니다.

인생도 이와 같습니다. 가난과 병마, 회의감, 상실감, 고독과 외로움 등이 생의 비탈입니다. 사람들은 자신의 삶이 평탄하기를 간구합니다. 생의 비탈에 서 있기를 두려워합니다. 그런데 생의 비탈에 서 있지 않으면 기도가 메마릅니다. 생의 비탈에 서 있지 않으면 성찰과 참회의 기회를 얻지 못합니다. 성경에서 구원받은 많은 사람들은 생의 비탈에서 하나님을 찾고 예수님을 만나게 됩니다.

아이러니하게도 인생이 평탄할 때는 은혜가 사라집니다. 비탈에 서 있을 때 감사가 넘치며, 비탈에 서 있을 때 입에 찬송이 머무릅니다. 비탈에 서 있을 때 말씀이 위로가 되며 갈급하게 됩니다. 마치 비탈에 선 나무가 하늘을 향해 곧게 자라듯 비탈에 서 있는 사람이 하나님을 향해 손을 내밀게 됩니다. 비탈을 두려워하지 마십시오. 세상과 현실이 비탈일지라도 그리스도 안에 있는 사람은 곧게 서 있는 사람입니다.

살아가는 것과 살아지는 것의 차이

'살아가는 것'과 '살아지는 것'은 크게 다릅니다. 사람이 의식을 가지고 행동하는 것을 '살아가는 것'이라 하고 삼시 세끼 밥을 위한 삶, 즉 생존만을 위한 삶을 '살아지는 것'이라고 할 수 있겠습니다. '살아가는 것'이 능동적이고 도전적인 자세인 반면에 '살아지는 것'은 피동적이며 수동적인 자세입니다. 성경은 "무엇을 먹을까 무엇을 마실까 몸을 위하여 무엇을 입을까 염려하지 말라"(마태복음 6:25)고 말씀하고 있습니다. '살아지는 것'을 경계하는 말씀입니다. 살아지는 삶은 자신만을 위해 지극히 이기적 삶이지만 살아가는 삶은 남을 위해 자신을 나누어 주는 이타적인 아름다운 삶입니다.

성경은 '살아지는 것'을 가르쳐주지 않습니다. 다만 '살아가는 것'을 가르쳐주고 있습니다. 보십시오. 성경 66권 전체가 우리에게 어떻게 살아가야 하는 가를 가르쳐주고 있습니다. 성경은 우리에게 등불로, 소금으로, 사랑으로, 인내로, 용서로, 믿음으로, 선함으로, 헌신으로 살아가는 방법을 가르쳐 주고 있습니다.

사랑하는 여러분! 지금 여러분은 살아가고 있습니까? 살아지고 있습니까? 혹시 살아지는 삶을 위해 습관적으로 예배하며 기도하지는 않습니까? 신앙생활이 살아지는 것에 치우쳐 호의호식을 바라는 이 땅의 욕심에 그치지 않고 홍보석, 자보석이 깔린 천국을 욕심내고 있지는 않습니까? 그렇다면 돌아서십시오. '살아지는 삶'을 버리고 '살아가는 삶'을 택하십시오. 이 땅에 교회가 필요한 이유는, 이 땅에 그리스도인이 필요한 이유는 바로 예수님이 가르쳐주신 말씀을 따라 '살아가는 삶'을 구현하기 위함입니다.

'살아지는 삶'은 살아있는 것 같지만 생명이 없습니다. '살아가는 삶'만이 생명이 있습니다. '살아가는 삶'만이 꿈이 있습니다. 살아가는 방법을 찾기 위해 성도가 교제하고, 살아가는 용기를 갖기 위해 기도하며, 살아가는 의미를 찾기 위해 노력할 때 그 인생은 값진 인생이라 할 수 있겠습니다. 바로 교회는 '살아가는 삶'을 증명해 보이는 생명운동의 본산입니다. 그리스도의 이름으로 이타적인 삶을 지향할 때 죽어가는 한국 교회가 다시 부활할 것입니다.

내 남은 생을 다 쓰겠습니다

"내 남은 생을 다 쓰겠습니다"는 대사는 구한말 의병 이야기를 다룬 주말 드라마에서 노비 출신의 주인공이 사랑하는 양반집 규수를 위해 자신의 남은 생을 다 쓰겠다고 스스로에게 다짐하는 말인데 무척 인상적으로 들렸습니다.

드라마의 마지막 장면은 이 대사처럼 사랑하는 여자를 위해 자신의 목숨을 내어주면서 끝이 납니다.

그런데 우리는 무엇을 위해 자신의 남은 생을 쓰고 있는 걸까요? 어떤 이은 부자가 되기 위해 남은 생을 다 써버리고, 어떤 이는 명성을 얻기 위해 남은 생을 다 사용해 버립니다.

또 어떤 이는 사람들을 지배하기 위한 권력을 얻는데 자신의 생을 아낌없이 써버립니다.

이런 인생을 두고 성경은 "헛되고 헛되며 헛되고 헛되니 모든 것이 헛되다"(전도서 1:1)고 말씀하고 있습니다.

인생은 무엇을 위해 내 생을 쓰는가에 따라 크게 달라집니다. 땅에 것을 위해 인생을 살게 되면 그것들이 썩을 때 그 인생도 함께 썩고 맙니다. 히틀러나 무소리니, 히로히토는 전쟁을 위해 남은 생을 써버렸고 칼 마르크스와 마오쩌둥은 공산주의 이념을 만들고 이를 실천하는데 인생을 모조리 써버렸습니다.

예수님을 증거 하는데 남은 생을 모두 쓰고 간 사람으로는 예수님의 열한 제자와 막달라 마리아와 바울을 들 수 있으며, 그분의 가르침을 따라 자신의 남은 생을 다 써버린 사람으로 슈바이처, 테레사 수녀와 같은 분이 있습니다.

여러분은 무엇을 위해, 누구를 위해 "내 남은 생을 다 쓰겠습니다"라는 다짐을 하겠습니까? 시간이 얼마 남아있지 않습니다. 만약 당신이 예수님을 따르는데 남은 생을 쓰겠다고 결심한다면 그 모습을 보이십시오. 그것은 오직 "서로 사랑하라. 내가 너희를 사랑한 것 같이 너희도 서로 사랑하라"(요한복음 13:34)는 예수님이 주신 새 계명을 실천하는 일입니다.

함께 산다는 것

길이 있어 그 길 가보면
무수한 발자국이 길을 만들고 있다는 것,
내 기쁨은
나도 그 위에 발자국 하나 더 하는 것,
더 놀라움은
길이 그 많은 발자국을 기억하고 있다는 것,
발자국으로 발자국은 덮여 있어도
길은 발자국의 무게에 담긴 사람의 생각을 고스란히
간직하고 있다는 것,

길이 있어 그 길 다시 가보면
내 슬픔은
누군가의 발자국 위에 발자국 하나 더 하는 것.

— 김상현, 「길이 사람을 부른다」 전문

사막이 황량하고 쓸쓸하게 보이는 이유는 그곳에는 사람이 보이지 않기 때문입니다. 몽고의 초원, 볼리비아의 소금호수, 북극이나 남극의 설원과 같은 사진에서 왠지 모를 쓸쓸함이 느껴지는 것도 사람이 보이지 않기 때문입니다.

사람은 누군가와 함께 있을 때 안정감과 행복감을 느끼게 됩니다. 사람을 뜻하는 인간(人間)이라는 용어도 사람과 사람을 뜻하는 복수의 개념이고 보면 하나님께서 아담이 독처하는 것을 안타깝게 보시고 배필인 하와를 만드셨던 까닭을 알 수가 있습니다.

인생을 길에 비유했을 때 위 시에서 보듯 우리가 살아간다는 것은 무수한 발자국 위에 내 발자국을 하나 더하는 것과 같으며 이것은 기쁨인 동시에 슬픔이기도 합니다.

함께 살아가는 공동체 안에서 '내가 어떻게 살아야 할 것인가?'하는 문제는 사회윤리적인 담론을 담고 있습니다. 그런데 예수님은 우리에게 "서로 사랑하라"는 명징한 말씀으로 사람과 사람 사이의 관계를 설정하시고 있습니다. 사랑이 없는 동행, 사랑이 없는 교재, 사랑이 없는 고백, 사랑이 없는 눈물에는 인간의 따뜻함이 없습니다.

함께 산다는 것은 무수한 사랑의 발자국 위에 내 사랑의 발자국을 하나 더하는 것입니다.

당신이 아름다운 이유

나무들이 가장 좋아하는 빛깔은 무엇일까요? 하고 물으면 대다수 사람들은 초록이라고 답할 것입니다. 그런데 사실 그 반대입니다. 초록은 나무가 가장 싫어하는 빛깔이라고 합니다. 다른 색은 모두 받아들이지만, 초록은 수용하지 않고 내뱉기 때문에 우리 눈에 초록만 보이게 된다고 합니다.

세상의 모든 식물들이 초록빛을 띠지 않고 붉은빛이나 노란빛을 띤다면 어떠할까요? 정신분석학자들의 말에 따르면 인간은 못 견뎌 하며 종국에는 미쳐버릴 것이라고 합니다. 초록이 인간의 정서를 순화시키며 안정감을 주는데 안성맞춤이라는 말을 들으면 나무들이 초록을 싫어하는 것에 감사할 일입니다.

이처럼 내게 이롭지 않은 것이 다른 사람에게는 이로울 수가 있는 가 하면 내가 불만스럽게 생각했던 내 모습이 다른 사람에게는 좋게 보일 수가 있습니다.

특히 현대인들은 자기 얼굴의 생김새에 만족하지 않고 어딘가 못생겼다며 불만을 합니다. 못생긴 것이 아니라 다르게 생겼음을 안다면 불만을 가질 이유가 없습니다.

레오나르도 다빈치가 그린 '최후의 만찬'이라는 그림을 보십시오. 열두 제자가 제각기 다르게 생겼습니다. 누가 설명해 주지 않아도 느낌만으로 요한과 베드로와 도마와 가룟사람 유다를 구분할 수 있습니다.

나무의 초록 빛깔처럼 친근하게 보이는 당신의 모습이 아마 당신이 버리고 싶은 자화상이고 보면 나를 나답게 만드신 하나님께 감사하며 믿음의 길을 달려가야 할 것입니다.

외모는 중요하지 않습니다. 예수님도 흠모할 데가 전혀 없는 외모를 가지셨지만, 세상을 구원할 능력과 지혜와 사랑을 지니셨습니다. 우리의 아름다움은 오직 믿음에 있습니다.

당신의 옹이가 아름답습니다

집을 짓습니다. 거실 천정은 편백나무로 만들기로 하였습니다. 그런데 그렇게 해놓고 보니 편백나무 판자에 난 많은 옹이가 눈에 거슬리어 볼수록 속이 상했습니다. 이왕에 이렇게 된 바에 무수한 옹이 자국이 하늘의 별들이라고 생각하자며 마음을 바꿔먹기로 하였습니다. 한결 마음이 편해졌습니다. 옹이는 나뭇가지가 있었던 자리라는 목수의 말을 들은 후로는 오히려 그 많은 옹이들이 사랑스럽게 보였습니다. 옹이를 볼 때마다 하늘을 향해 마음껏 팔을 펼쳤을 나무와 그 가지마다 짙푸른 생명의 잎새들이 풍요롭게 찰랑되는 모습이 상상되었습니다. 이 일로 해서 나는 같은 일도 생각하기에 따라 전혀 달리 보인다는 사실을 깨닫게 되었습니다.

사람에게도 옹이가 있습니다. 사람에게 옹이는 미움, 불화, 갈등, 욕망, 근심, 불안, 고독과 같은 일로 인해 생긴 '상처 자국'인데 이 상처의 자리는 한때 삶의 의지가 넘쳤던 자리이기도 합니다. 그런데도 옹이는 사람들을 멀리하게 만듭니다. 삶이 처절할수록 그 사람의 옹이는 커 보여서, 사람들은 그런 옹이로 인해 불편을 느낍니다. 때론 우리는 누군가의 마음에 옹이를 만들기도 합니다.

교회 공동체는 옹이가 많은 사람들이 모이는 곳입니다. 위로받기 위해서, 치유받기 위해 찾아오는 곳이 바로 열려있는 공간인 교회입니다. 사람들은 옹이가 있기 때문에 기도하고 옹이가 있으므로 믿음에 의지하게 됩니다. 바울, 삭개오, 니고데모와 같이 예수를 찾아온 성경 속의 많은 인물들이 옹이가 있는 사람들이었습니다. 그런데 우리는 옹이가 있는 사람을 피합니다. 피할 뿐 아니라 옹이를 비판하기까지 합니다. 이것은 우리 속에 사랑이 없다는 증거입니다.

나의 옹이가 삶의 원초적인 부분이었음을 인지하게 되면 상대방의 옹이가 아름답게 보입니다. 아름답게 보일 뿐 아니라 친숙하게 느껴지며 성숙한 대화를 나눌 수 있게 됩니다.

빈부의 혁명

어떤 젊은이가 길을 물어물어 저를 찾아왔습니다. 젊은이는 만원 지폐 한 장을 들고 제 졸시집 『몸속의 꽃』을 사기 위해 왔다고 했습니다. 병석에 누워있는 노부(老父)의 심부름이라고 했습니다. 그의 아버지가 어디에서 「빈부의 혁명」이라는 제 시를 읽고 책을 꼭 구해오라 했는데 서점에서 구할 수 없어서 수소문해서 제가 사는 곳까지 왔다고 했습니다. 젊은이의 효성도 지극하지만 그분이 어떤 분이기에 병석에서도 제 시집 한 권을 꼭 구해보고 싶어 했을까를 생각하니, 시를 함부로 써서는 안 되겠구나 하는 두려움과 책임감이 느껴졌습니다.

그분의 마음을 움직였다는 졸시 「빈부의 혁명」은 시골 장터에서 우연히 목격한 생선장수를 보며 쓴 것인데 전문은 이렇습니다.

생선을 사러 갔습니다
생선가게 노점상 노인은

대가리는 쓸모가 없다며
마구 잘라 쓰레기통에 내던졌습니다

내 생각에도 대가리는 먹잘 것이 없어
전혀 아깝지가 않았습니다

그는
대가리 속
먹통도 칼질해 버렸습니다
이 땅에 쓸모없는 대가리들을 잘라
쓰레기통에 내던져버리는
저 빈부의 혁명

시원했습니다
마냥 보고 있는데
"배도 따버릴까요?"하고
그가 물었습니다.

— 김상현, 「빈부의 혁명」 전문

    사회가 불공평한 것도, 부패한 것도, 어두워진 것도 소위 먹물을 먹었다는 배운 사람들의 책임이 큽니다. 이런 대가리들 때문에 나라가 나라답지 못하다고 생각하는 판에 과감하게 생선 대가리를 잘라버리고 먹통을 칼질해 버리는 생선장수를 보며 카타르시스를 느꼈습니다.

그런데 진정한 「빈부의 혁명」은 사랑으로 세상을 바꾼 목수의 아들 예수입니다. 성경은 방언과 천사와 같은 말을 하며 예언하는 능력과 많은 지식과 산을 옮길만한 능력을 가진 대가리들을 향해 사랑이 없이는 너희가 아무것도 아니라고 말씀하고 있습니다. 그분은 자신의 사랑을 확증하기 위해 스스로 십자가를 지심으로 혁명의 대미를 장식하셨습니다.

떨어지는 것은 아름답습니다

꽃은 보일 만큼 보이면
제 빛이 힘겨워
스스로 떨어지고

단풍은 그 얼굴에 부끄러움이 가득 차
더는 가리지를 못하고
스스로 떨어지고

떫은 감은 가지에 단단히 붙어있지만
잘 익은 홍시는 단맛에 취해
스스로 떨어집니다

그래서 떨어지는 것은 모두가 아름답습니다.

                              － 김상현, 「낙하의 미학」 전문

이 땅에 생명을 지닌 모든 것들은 피었다 시듭니다. 인생도 마찬가지입니다. 유년의 때에 피어나기 시작하여 청소년 때에는 잠시 예쁜 꽃망울 상태를 보이다가 청년의 때에 활짝 피어납니다. 하늘의 뜻을 안다는 지천명(知天命)을 지나면서 시들기 시작하여 남의 말에 귀가 열리게 되는 이순(耳順)을 지나 스스로의 마음에 복종하는 종심(從心)의 나이가 되면 천천히 인생을 마무리할 준비를 하게 됩니다. 죽음이 삶의 완성이라는 노장사상을 염두에 두지 않더라도 인생의 의미를 생각해 보면 어떻게 마무리하는가는 매우 중요한 일입니다.

인생은 보일 만큼 보이다 지는 꽃잎이며, 인생은 스스로를 반추해 볼 때 부끄러움을 아는 단풍이며, 인생은 자신에게 주어진 삶을 달달하게 익혀가는 마치 잘 익은 홍시와도 같습니다. 시편기자는 "우리의 연수가 칠십이요 강건하면 팔십이라도 그 연수의 자랑은 수고와 슬픔뿐이요 신속히 가니 우리가 날아가나이다."(시편 90:10)라고 쓰고 있습니다.

나는 나무에서 인생을 배웁니다. 자칫 부자가 되고 출세를 하는 등 인생이 오르막길에 있을 때, 사람들로부터 갈채를 받습니다. 사람들은 그것을 성공이라 부르며 부러워합니다. 그런데 정작 인생의 아름다움은 오르막이나 정상이 아니라 생의 내리막에서 얻게 됩니다.
아무리 고운 꽃이라도 사시장철 피어만 있다면 아름다움을 느낄 수 없습니다. 꽃은 피는 것 못지않게 지는 것으로 인해 아쉬움을 갖게 되며 그 아쉬움이 아름다움을 느끼게 합니다.

인생의 내리막길을 담담히 걸어가는 사람을 보면 사람들이 연민을 느끼게 되는 경우도 이와 비슷합니다. 잘 익은 홍시가 땅에 떨어지듯 무르익은 인생을 살아가는 사람을 대할 때 깊은 감동을 받게 됩니다. 이런 사람에게 나타나는 모양은 겸손인데 성경은 "네가 낮춤을 받거든 높아지리라고 말하라 하나님은 겸손한 자를 구원하시느니라."(욥기 22:29)라고 말씀하고 있습니다.

가을입니다. 지천에 나뒹구는 낙엽을 보면서 떨어지는 것이 아름답다는 생각을 다시 하게 됩니다.

진리에 관한 단상

어렸을 적에 어머니의 거울 앞에 서면 거울 속에 또 다른 세상이 있는 줄 알았습니다. 풀밭에 누워서 여름날 이글거리는 태양을 눈도 깜박거리지 않고 바라보면 태양은 눈부시게 환한 궁창으로 보였습니다. 하늘은 태양의 문을 통해서 들어갈 것이라 생각했습니다. 새로운 길이 보이면 꼭 가봐야 직성이 풀렸습니다. 애들은 무서워서 얼씬도 하지 못하던 상엿집을 혼자 들어가 보기도 하였습니다. 무엇이건 새롭고 궁금한 것은 그냥 넘어가지를 못했습니다.

학교와 교회는 내게 가르침을 주는 곳이었습니다. 학교에서는 그림공부가 가장 신이 났고 교회에서는 노래가 마음에 들었습니다. 들에는 오곡이 여물고 백화가 피었으며 수평선이 확 트인 드넓은 바다는 연실 도마뱀같은 흰 파도가 밀려왔습니다. 학교와 교회와 들판과 바다를 시도 때도 없이 쏘다니며 배우며 느끼며 깨달았습니다. 내 유년은 모든 것이 스승이었습니다. 커서 무엇이 되겠냐고 내게 묻는 사람도 없었고 내가 무엇이 되겠다는 생각도 없었습니다.

훗날 어른이 되어서 깨달은 것은 인생은 무엇이 되겠다고 해서 되는 게 아니라 하나님의 인도하심으로 인생이 열매를 맺는다는 사실이었습니다. 우리는 믿음이 있다 하면서 믿음이 없는 자와 같이 내가 무엇이 되겠다고 허둥대며 자녀들에게 무엇이 되라고 강요하며 교육을 시킵니다. 하나님께 어떻게 쓰일까를 생각은 하지 않고 무엇을 해야 굶지 않고 편히 살 수 있을까를 생각합니다. 그리하여 결국 자녀들을 일벌레, 밥벌레로 만들고 맙니다.

들길을 걷다가 주저앉아 이름 모를 들꽃을 유심히 들어다봅니다. 문득 "솔로몬의 모든 영광으로도 입은 것이 이 꽃 하나만 같지 못하느니라."(마태복음6:29) 말씀이 떠오릅니다. 사람이 성경말씀처럼 사람이 '무엇을 먹을까? 무엇을 마실까? 무엇을 입을까?'에만 매달린다면 삶의 본질을 잊어버린 불쌍한 사람이 되고 말 것입니다. 진리의 빛을 향해 걸어가는 것만이 주님께서 우리에게 당부하신 삶의 방향입니다.

길에 관한 묵상

인생을 길에 비유되곤 합니다. 남이 낸 길을 걸어가는 사람이 있는가 하면 자신이 길을 내면서 가는 사람이 있습니다. 우리 앞에 열려 있는 길을 가는 것은 편안하고 쉽지만 길이 없는 곳에 길을 내면서 가는 것은 많은 어려움이 있습니다. 인류의 역사는 길을 내면서 가는 사람들의 이야기를 기록한 것이고 보면 새로운 길을 만드는 것은 매우 의미가 있습니다.

'눈에는 눈. 이에는 이'로 되갚음을 하는 율법이 지배하는 세상에서 예수님은 전혀 다른 길을 만드시고 "나는 길이다"라고 말씀하셨습니다. 그분은 미움과 복수 길을 버리고 관용과 용서의 길을 만드셨습니다. 그분은 징계의 하나님을 사랑의 하나님으로 바꾸었습니다.

바울은 다메섹으로 가는 길 위에서 예수님을 만나 전혀 새로운 길을 가게 됩니다. 그는 유대와 소아시아 지역과 로마에 이르는 전도의 길을 열었습니다.

인생에서 관습과 습관도 길입니다. 나쁜 관습과 나쁜 습관은 나쁜 길이며 좋은 관습과 좋은 습관은 좋은 길입니다. 사람들은 보다 좋은 인생길을 걷기 위해 노력합니다. 어떤 사람은 양심이 길을 비추는 등불이라 생각하여 선한 양심을 추구하며 어떤 사람은 성인이나 철인의 말씀을 인생의 멘토로 삼아 살아가려고 노력합니다.

예수님은 우리에게 빛과 소금이 되라고 하십니다. 그리스도인의 존재 자체가 어둠을 사르는 빛이어야 한다는 말씀입니다. 부패를 방지하는 소금이어야 한다고 말씀입니다.

그럼으로써 우리가 걸어가야 할 길은 내 속에 있는 빛을 찾아내 자신 속으로 걸어 들어가는 성찰의 길이 우선되어야 합니다. 성찰을 통해서만 용서와 사랑과 관용과 용기와 소망이 햇빛처럼 쏟아지는 환한 길이 열립니다. 이것이 주님이 우리에게 가르쳐주신 가치 있는 도전의 길입니다.

밥에 관한 묵상

목수의 아들 예수 앞에 엎드린 날
설익은 밥풀들이 눈발처럼 떨어졌다
못 박힌 그의 발등에도
밥풀은 떨어졌다

그를 예배하는 집은 웅장했다
사람들은 돈을 들고 와 밥을 달라고
그의 이름을 부르며 머리를 조아렸다

단 한 사람도
가난을 먹여달라고 하는 이는 없었다

마이크 소리, 파이프오르간 소리, 찬송 소리로
예수가 우는 소리는 들리지 않았다

그의 제자를 사칭하는 자가 큰 소리로
더 거대한, 더 화려한, 더 완벽한
밥집을 짓겠다며
주리고 굶주린 자는 다 내게로 오라고 외쳐댔다

십자가 위에서 예수가 울고 있었다
그가 거둘 주린 자가 더 이상 없다며 울고 있었다.

- 김상현, 「밥29」 전문

위 시는 제 열한 번째 시집 『김상현의 밥시』에 수록된 「밥29」라는 시입니다.

모든 생명의 첫 행동은 밥을 먹는 것이며 모든 생명의 마지막 행동은 밥술을 놓는 것입니다. 생명의 활동은 지속적으로 밥을 먹는 행위인데 이것을 생존이라고 합니다.

생명 있는 것들의 의미는 자신을 밥으로 내어주며 순응하는 데 있습니다. 나는 인간의 의식을 유지하는 모든 긍정적 요소가 밥이라고 생각합니다.

밥은 신과 자연과 인간을 유기적으로 연결하는 근원이라 여겨 이 시집에 밥에 대한 깨달음을 담고자 했습니다.

위 시에는 물질만을 추구하는 우리의 자화상이 담겨 있습니다. 예수님은 인간구원을 위해 이 땅에 오셨건만 우리는 영혼의 갈급함이 없이 육신의 안락을 위해 그분께 예배하며 기도하며 열심히 매달립니다. 많은 교회가 이와 연합하여 거대한 건물을 짓고 사람들을 불러 모읍니다. 우리의 이런 모습을 보고 있는 예수님은 십자가 위에서 울고 있을 것입니다. 더 이상 영혼의 주린자가 없다며 슬퍼하실 것입니다. 예수님께서 우리에게 주시고자 하는 생명의 밥은 가난과 애통함과 온유와 의에 주리고 목마름과 긍휼과 마음이 청결함과 화평과 의를 위해 핍박받는 것일 진데 고민이 아닐 수 없습니다.

헌책에 관한 감사

헐값에 헌책 한 권 샀다
모서리가 닳고 누리끼리한 종잇장은
영락없는 아버지 얼굴이다
누군가 붉은색으로 밑줄을 그어놓은 곳은
영락없는 아버지 말씀이다
양식(良識)으로 가득한데도 헐값인 것도
영락없이 아버지의 인생을 닮았다
나보다 먼저 읽고 중요한 대목에 밑줄을
그어놓은 분은 내가 모르는 나의 형님이다
뒤에 내게 잊지 말고 꼭 읽어보라고
정성스럽게 밑줄을 그어놓은 그분은
누군지 모르지만 존경스런 나의 형님이다
밑줄 친 곳 중 한 대목
'올빼미는 황혼이 깃들어야 나래를 편다'

오늘 나는 헐값에 값진 인생 한 조각을 장만했다.

- 김상현, 「헌책」 전문

윗글은 제 시집 『몸속의 꽃』에 수록된 「헌책」이라는 시입니다.

책을 좋아하는 나는 누군가의 손때 묻은 헌책이 새책보다 더 애정이 갑니다. 그래서 시간이 있으면 헌책을 파는 서점을 기웃거릴 때가 많습니다. 간혹 폐지로 팔려나가는 책을 볼 때면 가슴이 아픕니다. 혼신을 다해 그 책을 썼을 저자의 영혼이 팔려가는 것만 같아서 가슴이 먹먹해집니다.

일전에 안성에 사는 누나가 서울로 이사를 한다며 매형의 서재를 치운다는 연락이 왔습니다. 오래전에 돌아가신 매형의 서재는 역사, 문학, 예술, 종교 등 다양한 책들로 웬만한 도서관을 방불케 했습니다. 내가 필요한 책 한 짐을 추리고 난 후 그 많은 책들이 폐지로 처리되는 것이 마음 아팠습니다.

지난해 새집으로 이사를 오면서 한 트럭 분량의 책을 사람들에게 떠맡기듯 주어버린 적이 있습니다. 내게는 모두가 귀한 책들인데 아무도 흔쾌히 가져가려 하지 않을 때 '사람들은 무엇으로 사는가?'하는 생각이 들었습니다. 사람들의 이야긴즉 가구 때문에 책을 드려놓을 공간이 없다는 것이었습니다. 하물며 헌책을 반기는 사람은 많지가 않았습니다. 그러나 헌책에서는 오래된 고택에서 느껴지는 깊은 울림이 있습니다. 특히 주석이 달린 새 성경책보다 어머니가 읽으시던 오래된 성경책이 훨씬 정감이 갑니다. 그 이유는 성경책 글자 하나하나에 어머니의 눈때, 손때가 묻어있기 때문입니다.

자신과의 약속

20년 전에 내가 쓴 책에 "죽기 전에 해야 할 10가지 일"이라는 내용이 있어 여러분께 소개하려고 합니다.

첫 번째, 아름다운 시를 쓰는 것보다 좋은 시인으로 살고 싶습니다. 그러기 위해서 내게는 신과 자연과 인간을 이해할 수 있는 따뜻한 가슴이 필요합니다.

두 번째, 집을 짓겠습니다. 철학을 공부한 큰 아이와 인생에 관해 밤새워 토론하고 클라리넷을 전공한 둘째 아이와 그의 친구들을 초청해서 음악회를 열 수 있는 공간을 마련하겠습니다.

세 번째, 뜨락에 들꽃을 가꾸어 보겠습니다. 조팝나무, 앵두나무, 산딸나무, 때죽나무와 같은 우리 나무와 골담초, 닭장풀, 물봉선, 창포와 같은 들꽃을 가꾸어 보고 싶습니다.

네 번째, 사랑했던 사람들을 잊지 않고 가슴에 두고 살아가겠습니다. 그들이 나를 잊어버리고 산다고 해도 나는 그들과의 추억을 소중하게 간직하겠습니다.

다섯 번째, 건강을 잃지 않기 위해 노력하겠습니다. 천하를 얻고도 건강을 잃으면 모두 잃는다는 격언을 생각하며 규칙적이며 절제된 생활을 하겠습니다.

여섯 번째, 모으는 것보다 나누어 주는 것으로 기뻐하는 사람이 되겠습니다.

일곱 번째, 손자에게 읽어 줄 동화를 준비하겠습니다. 동화책을 선물한다면 손자는 열렬한 나의 팬이 될 것입니다.

여덟 번째, 한가할 때는 그림을 그리겠습니다. 회갑 때쯤 개인전을 갖는다면 얼마나 행복하겠습니까!

아홉 번째, 신앙을 회복하겠습니다. 그리고 마지막 열 번째는 비워 두겠습니다. 살면서 꼭 해보고 싶은 그때를 위해 남겨두려고 합니다. 여러분은 자신과 어떤 약속을 하고 살고 있습니까?

그물코를 깁고 있는 예수

오늘도 그렇듯

바다를 쏘다니다 빈손으로 돌아왔습니다

버림받은 시간 속에 자맥질만 해대다가

빈 그물을 거두어 돌아왔습니다

당신이 말씀하신 깊은 곳,

그물을 내릴 곳이 어디인지

찾지 못하고 돌아왔습니다

그렇게 돌아왔을 때

나의 빈 배

그 외진 곳에서

묵묵히 찢어진 내 그물코를 깁고 있는

당신을 발견했습니다

나는 당신의 등 뒤에 우두커니 서서

그물을 내릴 깊은 곳이

내 마음 속이라는 것을 알게 되었습니다

– 김상현, 「그물코를 입고 있는 예수」 전문

누가복음 5장에 나오는 "깊은 데로 가서 그물을 내리라"는 지시는 온종일 허탕 친 어부인 베드로에게 목수의 아들인 작은 목수 예수가 한 말입니다. 그리고 그 후에 벌어진 일은 너무나 드라마틱합니다. 나는 이 본문을 읽을 때면 검푸른 바다에 그물을 내리는 모습과 물고기로 가득 담긴 그물과 만선이 된 배와 생선비린내까지도 느끼게 됩니다.

나는 갈릴리 바다에서 벌어진 이 사건에서 '그물'과 '깊은 곳'이라는 글에 주목합니다. 허탕 친 사람은 베드로뿐이 아닙니다. 매일 자맥질만 해대다가 빈손으로 돌아온 사람은 바로 나입니다. 찢어진 그물코 사이로 빠져나간 세월은 어찌해야 하는지 허무가 모든 기쁨을 앗아가기도 했습니다. 그런데 문득, 외진 곳에서 묵묵히 찢어진 내 그물코를 깁고 있는 예수를 발견하였습니다. 그는 아주 촘촘하게 내 그물코를 깁으면서 내게 남은 세월이라도 낚아보라고 하시는 것만 같았습니다. 그리고 "깊은 데로 가서 그물을 내리라"는 그분의 말씀은 그물을 내릴 깊은 곳이 곧 내 마음 속이라는 것을 말씀하고 있었습니다. 그 깨달음의 순간, 누가복음 5장이 새롭게 내게 다가왔습니다.

항아리 이야기

어떤 이가 이사를 하면서 버린 큼지막한 항아리를 주어다가 마당 한가운데 두고 틈틈이 감상했습니다.

어른 가슴께에 닿는 크기의 항아리를 만든 옛 장인의 솜씨와 항아리에 담겨 숙성되었을 간장이며 된장은 또 얼마나 대를 이어져 왔을까를 생각하니 화살 같은 세월에 항아리와 인연을 맺고 있던 이들은 모두 떠나고 그릇만 덩그렇게 남아있다는 무상함이 느껴졌습니다.

집을 찾아온 손님들이 마당 한가운데 놓여있는 항아리를 보고 "저 항아리는 무엇이냐?"고 묻습니다. 나는 대답이 궁하기도 하지만 나만의 상상을 설명하기도 쑥스러워서 "저 항아리는 별빛을 받아두는 그릇"이라고 대답을 했습니다. 그렇게 말하고 나니 밤이면 항아리는 아귀까지 푸른 별들이 찰랑거리는 것 같아서 창문을 열고 무심히 바라볼 때가 많았습니다.

문득 "주제와 해석만 있으면 모든 것은 예술이 될 수 있다."고한 예술철학자 아서 단토의 말이 생각났습니다. '별빛을 받아두는 그릇'은 주제이고 항아리에 관한 상상은 해석이라는 점에서 마당 가운데 항아리는 진귀한 예술작품인 셈입니다.

진귀한 예술작품에 간장과 된장을 담아 먹었던 사람들의 이야기를 풀어쓴다면 흥미로운 삶의 스토리가 될 뿐 아니라 땀내 나는 장인의 적삼에서 느낄 수 있는 진지함도 담아낼 수 있겠다는 생각에 "예술이 바로 삶이구나."하는 확신이 들었습니다.

이사를 하면서 항아리는 뒤 곁에 두고 왔습니다. 그러나 나는 항아리로 인해 사물을 보고 주제를 찾고 새로운 해석을 하게 되는 좋은 습관이 생겼습니다. 하나님께서 창조하신 모든 것이 진귀한 예술품이지만 당신의 모습을 본떠 만든 사람은 최고의 걸작이지요. 특히 질그릇 같은 육체에 선한 양심과 사랑과 믿음이 담겨 있다는 것이 경이롭습니다. 우리가 하나님의 예술품으로서 어떤 격을 갖추고 살아야 할지를 생각해 봅니다.

강물 사색

　강물은 낮은 곳을 찾아, 더 낮은 곳으로 흐릅니다. 큰비에 탁해졌다가도 비가 그치면 곧장 맑아집니다. 고요함을 유지하여 구름과 별들과 산자락을 고스란히 품어 안습니다. 바닥에 잠긴 크고 작은 돌들을 씻겨줍니다. 그 돌이 모난 돌이라 해도 가리지 않고 씻겨줍니다. 강변의 갈대숲이나 풀꽃들이 목마르지 않게 제 몸을 조금씩 내어 줍니다. 그러면서도 갈대의 흔들림을 간섭하거나 풀꽃의 이름을 묻지 않습니다.

　강물의 노래는 졸졸거리며 개울을 흐를 때 끝났습니다. 더 이상 어떤 찬사도 어떤 영광도 바라지 않습니다. 강물은 먼 길을 흘러왔지만 높고 낮음이 있거나 특별한 리더가 없습니다. 강물은 물끼리 목말을 태우거나 보듬거나 어깨동무를 하며 동행합니다. 강물은 언제나 말랑말랑하고 유연합니다. 추운 겨울날에는 얼음 상태로 딱딱해지지만 녹으면 항상 처음의 모습으로 돌아갑니다.

강물은 한 방향으로 흐릅니다. 가다가 만나게 되는 샛강들도 반항하지 않고 합류하여 한 방향으로 흐릅니다. 강물은 정직합니다. 들판을 지나온 강물은 농심의 여운이 담긴 흙냄새가 납니다. 공장의 폐수가 흘러들어 물고기들이 숨 막혀 할 때 아주 멀리서 흘러온 깨끗한 물로 숨통을 열어줍니다.

강물은 생명의 깃발을 펄럭이며 갑오년 동학농민군처럼 들판을 진군합니다. 타는 갈증의 땅을 적시며 흘러가면 그 땅에 평화와 안식과 행복이 열매를 맺습니다. 옛날부터 사람들은 강에 몸을 씻으면서 정결한 삶을 스스로 약속했습니다. 갠지스강이나 요단강이 아니어도 강을 보면 몸을 씻어 정결해지고 싶은 마음이 듭니다.

강물은 바다가 되고 바다는 구름이 되고 구름은 비가 되고 비는 다시 강물이 되는 순환의 여행을 통해 하늘과 땅을 왕래하는 생명의 길임을 보여줍니다.

강물에는 수많은 언어들이 담겨 있습니다. 상징과 은유와 상상과 개시가 담겨 있지만, 사람들은 아직 그 의미를 깨닫지 못한 채 물을 어떻게 이용할 것인가 하는 욕심으로 차있습니다. 나는 강물에서 태초에 지엄한 하나님의 음성을 느낍니다. "땅이 혼돈하고 공허하며 흑암이 깊음 위에 있고 하나님의 신은 수면에 운행하시니라"(창세기1:2)는 말씀의 경이로움을 나는 강물에서 느낍니다.

강물에서 배웁니다

온종일 강물을 곁에 두고 삽니다. 미동도 없는 새벽 강에 제 몸을 굽히고 있는 산과 다리의 모습은 경건하기까지 합니다. 그것들이 제 모습을 고스란히 물에 던져 넣고 제 몸을 씻는 것을 보면, 물 밖에서 허둥대는 것은 나 하나 뿐 이로구나 하는 생각이 들었습니다. 저런 강물을 이르러 면경수(面鏡水)라 하나 봅니다.

아침이 오면 강물은 잠에서 깨어난 듯 제 몸에 비친 사물을 훌훌 털고 천천히 제 길에 들어섭니다. 저녁나절의 강물은 나그네가 제 고향 집 어귀에서 어머니를 부르며 달려가듯 더 바삐 흐릅니다.

강물은 제가 바라볼 때마다 수많은 이야기를 던지며 지나갑니다. 나는 마음에서 이는 영감을 통해 강물이 하는 말을 듣습니다. 때론 교훈이 되기도 하고 때론 잠언이 되기도 합니다. 그중 몇 가지는 이렇습니다.

새벽 강의 면경수는 결코 깨끗한 물이 아닙니다. 사물을 물속에 머물게 하는 힘은 깨끗함이 아니라 고요함입니다. 내가 고요할 때 남이 내 속에 머물 수 있다는 교훈을 얻습니다. 사람들이 나의 깨끗함에 끌리는 것이 아니고 고요함에 끌려 마음을 준다는 사실을 알게 됩니다.

강물은 낮은 곳으로 흐릅니다. 낮은 곳보다 더 낮은 곳이 있으면 강물은 그곳을 선택합니다. 교만할 때 나는 메말랐지만 겸손할 때 나를 적실 수 있다는 배움을 강물에서 얻습니다.

깊은 밤 강물에 잠든 별을 보면서 첨벙 뛰어들면 돌이 되지만 가만히 누우면 별이 된다는 잠언을 얻습니다. 강물이 바다에 닿을 때까지 쉴 새 없이 흐르듯 나도 나의 바다에 닿을 때까지 지속적으로 꿈을 꾸며 살아가야 합니다.

산길 사색

산길에는 때 이른 낙엽이 떨어져 뒹굽니다. 나는 일상의 생각을 비우고 낙엽과 하나가 되어 봅니다. 단번에 시상이 떠올랐습니다.

"바스락 소리/낙엽도 밟으면 아파하는구나//잎새로 두어 계절/누워서 두어 계절//천지에 저만한 풍요가 있겠는가만//저녁 빛이 서러워/바스락바스락/낙엽은 혼자서 아파하는구나."

세상살이가 생각처럼 녹록하지가 않습니다. 늘 기뻐하고, 늘 건강하고, 늘 배부르고, 늘 행복한 세상은 없습니다. 만약 세상이 그렇다면 사람에게 무슨 희망이 있겠습니까? 인생은 기쁜가 하면 슬프고, 건강한가 하면 아프고, 지혜롭다 생각해도 어리석고, 행복한가 하면 불행합니다. 우리는 슬프기에 위로받으며, 아프기에 의지하며, 배가 고프기에 자비심이 생기며 불행하기에 진리를 깨닫습니다.

둥근 보름달을 보십시오. 농부가 보는 달은 풍요를 꿈꾸지만 시인이 보는 달을 설움으로 가득 차 있습니다. 생각의 차이입니다만 풍요는 설움이 되기도 합니다. 어쩜 인생은 설움이 풍요하기 때문에 하나님을 찾는 것인지도 모릅니다.

우리는 기도할 때 즐거운 인생, 건강한 인생, 배부른 인생, 행복한 인생을 간구할 때가 많습니다. 이것은 무속신앙에서 두드러지게 볼 수 있는 모습입니다. 기독교가 천박한 종교가 아닌 이상 우리의 기도는 슬픔과 아픔에 동참하는 용기를 구하는 것이라는 생각을 하게 됩니다.

생명 있는 모든 것은 아픔을 동반합니다. 낙엽의 바스락거림이 바람소리가 아닌 아픔의 소리로 인식된다면 이 가을은 서럽도록 깨끗하게 다가올 것입니다. 세상의 모든 정갈한 것은 슬픔을 안고 있기에 더욱 그렇습니다.

문에 관한 사색

과수원이 있던 자리에 아파트를 짓느라 그곳에 있던 고가(古家)가 포클레인에 의해 무지막지하게 헐리고 있었습니다. 나는 그곳에 버려진 방문 두 짝을 주어다가 손질을 해서 응접실 가리개로 사용하였습니다. 완자무늬가 고운 창호지 문을 마주하고 앉아 따뜻한 녹차를 마시면서 시를 읽기도 하고, 시를 쓰기도 하는 여유는 나만의 즐거움이었습니다.

어른이 몸을 굽히고서야 들어설 수 있는 자그마한 문을 보면서 많은 생각을 했습니다. 아기가 태어나 이 문을 수없이 드나들며 노인이 되어가는 모습을 떠올리기도 하고 종이 한 장 바른 문 하나를 경계로 안과 밖을 구분하고 밖에 서면 객이며 안에 앉으면 주인이 되는 이상한 삶을 아무렇지도 않게 살아온 것이 신기하게 느껴졌습니다.

하루의 삶도 문을 출발해서 다시 문에 도착하는 것이고 보면 문은 투쟁과 안식을 구분하는 것이라 여겨졌습니다. 또한 문은 인류의 역사를 집약적으로 표현하고 있기도 합니다. 나폴레옹이 세운 승자의 상징인 파리 개선문, 독일통일의 상징인 베를린 브란덴부르크 문, 중국을 상징하는 천안문 등이 대표적인 것들입니다.

문은 사물을 지칭하는 명사를 뛰어넘어 '취직문' '결혼문' 등 인생 앞에 놓인 현실을 표현하기도 합니다. 그런데 문 중에서 가장 위대한 문은 역시 예수님이 두드리고 있는 심령의 문일 것입니다.

"볼지어다 내가 문밖에 서서 두드리노니 누구든지 내 음성을 듣고 문을 열면 내가 그에게로 들어가 그로 더불어 먹고 그는 나로 더불어 먹으리라"(요한계시록3:20)는 말씀에서 보듯 남녀노소, 빈부귀천 가리지 않고 들어갈 수 있는 구원의 문, 영생의 문은 아마도 우리가 발견한 가장 위대한 문입니다. 그런데 많은 사람들이 문 앞에서 문을 찾는 것을 보게 됩니다. 그 문을 찾아주는 것이 선교입니다.

인생의 포인트

낚시꾼들에게는 입질이 좋은 장소를 찾는 것이 무엇보다 중요합니다. 이런 포인트를 찾으면 그다음은 기다는 것이 전부입니다. 사진작가에게는 강이나 바다가 굽어 보이는 절벽 위가 석양을 낚기 위한 아주 좋은 포인트입니다. 그다음은 기다리는 것이 전부입니다. 이들에게 기다림이 지루 하는 않는 까닭은 월척을 낚아 올릴 것이라는 기대감이 있기 때문입니다. 붉은 석양을 사진에 담을 수 있다는 기대감이 있기 때문입니다.

인생에도 포인트라는 것이 있습니다. 직장이나 일터가 경제를 건져 올리는 포인트 라고 한다면 교회는 영혼을 건지는 포인트라고 하겠습니다. 포인트에서는 묵묵히 기다리며 그 결실을 꿈꾸는 것이 중요합니다. 기다리지 못하면 어떠한 결실도 얻지 못합니다.

저는 수년 동안, 앉아서 구도하는 방법을 택한 적이 있습니다. 책을 보며, 명상을 하며, 글을 쓰며 시간을 보냈습니다. 그 시간이 내게는 나를 건져 올리기 위한 포인트였습니다. 그때 쓴 시를 모아 최근에 『몸속의 꽃』이라는 제목의 시집을 출간했습니다. 나는 포인트에서 하나님과 자연과 사물들과 대화하는 방법을 알게 되었습니다. 제가 외로울 땐 그들도 외로워하고 제가 기쁠 땐 그들도 기뻐한다는 것을 알게 되었습니다. 인간이 이기심으로 가득 차 있는 지금, 외로운 하나님, 쓸쓸한 하나님, 고통받는 하나님, 그분의 친구가 되어야겠다는 생각을 했습니다. 새순이 나고, 꽃이 피고, 열매 가득 맺다가도 모두 버리고 서 있는 나무에게서 무욕의 생을 배우기도 했습니다.

여러분은 어느 포인트에서 무엇을 기다리고 있습니까? 저는 또 새로운 포인트를 찾고 다시 기다림의 시간을 보내고 있습니다.

구두를 내려다보며

어머니는 늘 제 구두를 맑게 닦아주셨습니다. 콧등이 반짝거리는 구두를 신고 출근하는 아침은 기분이 좋았습니다. 어머니가 닦아주신 구두로 인해 아침은 더 환하게 열렸습니다.

어느 날, 밤늦게 술에 취해 집에 돌아왔습니다. 저는 여느 때처럼 어머니의 방문을 열고 귀가인사를 드렸습니다. 그런데 어머니는 술 냄새 풍기는 저를 앉혀놓고 말씀하셨습니다. "애비야, 이 어미가 네 구두를 아침마다 닦아주는 이유를 모르겠느냐? 진땅 밟지 말라고 닦아주는 것이다." 어머니의 말씀에 술이 확 깼습니다. 어머니께서 말씀하신 "진땅"이란 가서는 안 될 곳을 두고 하신 말씀입니다.

어머니는 저를 성경 말씀대로 키우려고 하셨습니다. 그러나 저는 성경 말씀대로 살아가려고 하지 않았습니다. 그날 어머니는 "술 취하지 말라. 이는 방탕한 것이니 오직 성령의 충만을 받으라."(예배소서 5:18)는 말씀을 마음에 두시고 저를 꾸짖는 것이 분명했습니다.

그날 이후 누가 술 한잔하자고 하면 어머니가 닦아주신 구두의 콧등을 내려다보며 거절했습니다. 그런 날은 어머니의 방문을 열고 더 큰 소리로 귀가인사를 드렸습니다. 저는 마음속으로는 '어머니 오늘은 마른땅만 밟고 다녔어요!'라고 자신 있게 말씀을 드렸습니다.

어머니 가신지 수년이 지난 지금, 구두를 맑게 닦아줄 사람도 없습니다만 구두를 내려다보면 자애롭던 어머니가 눈물 나도록 그립습니다. 구두를 내려다보면 "애비야, 진땅은 밟지 말거라."하시던 그분의 말씀이 귓가에 쟁쟁합니다. 아직도 늦지 않았으니 "마른 땅"을 밟고 다녀야겠다는 마음이 듭니다.

이름에도 값이 있습니다

얼마 전 아침신문에 재미있는 기사가 실렸습니다. 바로 인디언식 이름 짓기였습니다. 인디언식 이름 짓는 방법으로 내 이름 지어보니 "용감한 늑대의 유령"이었습니다. 서양인들 중에는 토마스(도마) 피터 (베드로) 쟌(요한) 등 예수의 열두 제자 이름을 그대로 사용하거나 알렉 산더나 안토니우스와 같은 왕이나 영웅들의 이름을 사용하는 경우가 많습니다.

문득, "이름값을 하라."는 말이 생각났습니다. 어느 날 알렉산더 왕 이 거리를 걷다가 길거리에 앉아있는 남루한 차림의 노숙자를 발견하 고 그에게 다가가 이름을 물었습니다. "네 이름이 무엇이냐?" 노숙자 가 대답을 했습니다. "제 이름은 알렉산더입니다." 그러자 알렉산더 왕이 이렇게 말했다고 합니다. "네 이름을 바꾸든지 아니면 자리를 털 고 일어나든지 하라!"

김춘수의 시에 "내가 그의 이름을 불러 주었을 때 그는 나에게로 와서 꽃이 되었다"라는 구절이 있습니다. 세상 사람들의 이름은 모두 의미가 있고 부르기에 아름답습니다. 이름은 있지만 아무도 그 이름을 불러주지 않는 사람은 불쌍한 사람입니다.

예수님도 꼭 제자들의 이름을 불러주었습니다. 이름을 불러준다는 것은 관심과 애정의 표현입니다. 문제는 사람들이 자신의 이름에 어울리는 삶을 살고 있느냐 하는 물음에 자신 있게 대답을 하지 못하는 경우가 있습니다. 심지어는 이름을 더럽히는 일까지 있습니다.

우리는 수많은 이름을 부르면서 살고 있지만 정작 자신의 이름을 불러본 적은 없을 것입니다. 한 번 자신의 이름을 불러보세요. "아무개야!" 그럼 입속에서 파릇파릇하고 향긋한 울림이 생깁니다. 열 걸음쯤 걷다가 다시 자신의 이름을 불러보세요. "아무개야!" 그럼 자신이 사랑스러운 존재라는 것을 느끼게 됩니다. 힘들 때, 외로울 때, 고독할 때, 우울할 때 자신의 이름을 불러보면 마음이 한결 따뜻해집니다. 마치 예수님께서 찾아와 다정스럽게 당신의 이름을 부르는 것처럼 느껴질 것입니다.

"늘 배고파 있으라, 바보로 살라!"

몇 해 전에 작고한 애플사 공동 창업주 스티브 잡스가 2005년 스탠퍼드 대학 졸업식 축사에서 "Stay hungry and stay foolish!"라고 한 말을 되새겨 봅니다. 우리말로 반역하면 "늘 배고파 있으라, 바보로 살아라!"하는 뜻이지요. 일반적인 생각으로는 21세기 최고의 IT산업의 총수가 '배고프면 안 된다, 바보로 살아서는 안 된다!'라고 할 것 같은데 전혀 그렇지가 않았습니다. 배고픔과 바보 상태야말로 갈급함을 가져오게 한다는 반어법적 표현이 아닐까요? 스티브 잡스의 이 말은 '배고픔' 보다 '포만감'을 '어수룩함'보다는 '영악함'을 추구하는 현대인에게 많은 울림을 줍니다.

얼마 전에 심장이 좋지 않아서 병원에 간 적이 있습니다. 의사로부터 스트레스와 비만과 콜레스테롤이 원인이라며 체중을 줄이라는 조언을 들었습니다.

문득, 스티브 잡스가 말한 "Stay hungry! Stay foolish!"가 다시 떠

올랐습니다. 체중을 줄이기 위해 우선 어느 정도 배고픔을 유지하기로 했습니다. 그간 머리가 텅 빈 것 같아 손에 잡히는 대로 읽었던 책들을 조금 멀리하기로 했습니다.

끝없는 독서로 머리를 채울 수 없다는 생각에 그간 독서로 인한 스트레스를 던져 버리기로 했습니다. 바로 바보로 살기로 선언을 했습니다. 이런 결심을 하자 마음이 한결 가벼워졌습니다.

어떠한 욕망이라도 그것이 내게 포만감을 주는 것이라면 버리기로 한 것입니다. 대신 심령이 가난해야 천국을 얻을 수 있으며, 애통 가운데 있을 때 비로소 위로함을 받게 되며, 의에 주리고 목마를 때 신령한 배부름을 얻게 된다는 예수님의 가르침을 마음에 두기로 했습니다. 생각이 바뀌자 갑자기 마음이 풍요로워졌습니다.

나를 발견하기 위한 물음

뮤지컬 영화 〈레미제라블〉에서 가장 감동적인 장면은 주인공 '장발장'이 성당의 은촛대를 훔쳤다가 붙잡혀 왔을 때 '미레엘' 신부로부터 용서를 받고 "Who am I?"를 외치는 장면입니다. 즉 '내가 누구관대 그가 용서하는가?' 하는 참회와 감사가 진하게 묻어나는 장면에서 카메라는 눈물을 흘리는 '장발장'의 얼굴을 클로즈업시킵니다. 나는 이 장면을 보기 위해 같은 영화를 세 번이나 보았습니다. 영화의 에필로그는 억울한 옥살이로 인해 실의와 좌절과 증오로 가득 찬 그의 인생이 소망을 지닌 인생으로 거듭나는 반전이 큰 울림으로 다가왔습니다.

나는 이 영화에 '내가 나임에도 불구하고 하나님께서 용서하신다.'는 메시지가 담겨 있다고 봅니다. 우리는 "Who are you?" 곧 "너는 누구냐?"라는 질문에 능숙해져 있습니다. 인간관계에서 "도대체 너는 내게 무엇이냐?"는 이기적인 생각으로 꽉 차 있습니다. 자아(自我)를 알려는 노력보다는 타인을 알려고 노력합니다. 자신을 외투 속에 감추고 상대의 알몸을 요구합니다.

그리스의 철인 소크라테스는 "너 자신을 알라!"고 했으며 인도의 성인 석가모니는 보리수 아래서 "나는 누구인가?"에 대한 물음에서 깨달음을 얻었습니다. 우리의 주 예수님도 우리를 "세상의 빛"이라 하시며 스스로 우리 안의 빛을 찾아가길 원했습니다.

"Who am I?"는 존재에 관한 물음이기보다는 자아에 대한 끊임없는 성찰을 갖게 하는 물음입니다. 내가 욕망의 덩이라는 것을 아는 것, 내가 불의의 편린(片鱗)이라는 것을 아는 것, 내가 죄인이라는 것을 아는 것, 그래야 비로소 거듭남의 역사가 일어납니다. 그래야 비로소 성령의 역사가 일어납니다. 그럼으로써 우리는 나를 발견하기 위해 기도하고, 나를 찾기 위해 말씀을 읽어야 하지 않을까 생각해 봅니다.

준비하는 삶

히말라야에 "날이 새면 집을 지으리라"라는 긴 이름을 가진 전설 속의 새가 있습니다. 둥지가 없는 이 새는 밤이 오면 히말라야의 극심한 추위에 떨면서 "날이 새면 집을 지으리라"고 밤새껏 울면서 다짐을 합니다. 그런데 아침이 오면 설원에 부서지는 햇살과 비경에 취해 그만 집 짓는 것을 잊어버립니다. 그리고 밤이 오면 또다시 "날이 새면 집을 지으리라"고 비탄에 빠져 운다는 새 이야기입니다.

이 히말라야의 전설은 현대를 살아가는 우리들에게 큰 교훈을 줍니다. 나는 이 이야기에서 '준비하는 삶'에 관해 생각을 하게 됩니다.

성경에는 기름을 준비하지 못해 신랑을 맞이하지 못하고 혼인 잔칫집 문밖에 버림받게 되는 다섯 처녀에 관한 내용이 있습니다(마태복음 25:1-15). 예수님은 이 비유를 말씀하시면서 "그런즉 깨어 있으라. 너희는 그날과 그때를 알지 못하느니라"고 말씀하십니다.

사람들이 후회하는 많은 일들은 마땅히 준비했어야 하는 일을 준비하지 못한 데서 생기게 됩니다. 오늘 묵상하지 않으면 내일은 풍성한 생각을 갖지 못합니다. 오늘 사랑하지 못하면 내일도 사랑하지 못합니다. 오늘 기도하지 않으면 내일에는 응답을 얻지 못합니다. 오늘 효도하지 못하면 내일은 불효하게 됩니다.

사랑하는 여러분은 내일을 위해 무엇을 준비하고 있습니까? 혹시 히말라야의 "날이 새면 집을 지으리라"는 새처럼 마땅히 해야 할 일을 내일로 미루지는 않습니까? '내일을 위해 오늘을 준비하는 삶'의 태도는 자신에게 뿌듯한 기쁨이 되기도 하지만 다른 사람들이 보기에도 아름답습니다. 새해 첫 주일, 올 한해는 '내일을 준비하는 삶'이 일 년 내내 지켜지기를 기원해 봅니다.

달빛 한 짐, 바람 한 짐

위 제목은 내 첫 시집의 이름입니다. 시를 씀에 있어 마음의 묵은 것들을 내려놓고 달빛이나 바람처럼 청정한 것들을 담아야겠다는 뜻으로 정한 것이었습니다. 그런데 내 삶은 꼭 그렇지만은 않았습니다. '걱정 한 짐, 염려 한 짐'을 등에 지고 살기도 하고, '욕망 한 짐, 욕심 한 짐'을 지고 버거워했는가 하면, '자랑 한 짐, 허세 한 짐'을 내려놓질 못하기도 했습니다.

참으로 '내려놓는다'는 것, '비운다'는 것, '버린다'는 것은 어렵습니다. 간혹 큰 결심을 하고 결행하고 나면 그 빈자리에 더 큰 오욕(汚慾)이 슬그머니 자리 잡게 됩니다. 나이가 이순(耳順)이나 종심(從心)이 되면 어느 정도는 내려놓고, 비우고, 버리게 되는데 대개는 삶에 지쳐서 그렇게 되는 경우가 많습니다.

어떤 노학자(老學者)가 말하길, 인생의 황금기는 65세에서 75세라고 했습니다. 많은 사람들이 이 말에 동의하면서 다시 젊을 때로 돌아갈 수 있다 하더라도 그렇게 하고 싶지 않다고 합니다. 나이 팔순이 지나면 몸의 잔병과 싸우느라 마음의 여유가 없는 것을 감안할 때 그 말의 진의를 알 수 있습니다. 그런데 이 인생의 황금기마저도 노욕(老慾)으로 인해 포기하는 사람들이 적잖게 많은 것을 볼 수 있습니다.

종심(從心)을 걸어가고 있는 나는 무슨 일을 하기보다는 여러분과 생각을 나누고 싶습니다. 인생에 관해, 믿음에 관해 생각을 함께 나누고 싶습니다. 교회에는 일이 참으로 많습니다. 사람들은 '일꾼인 나'를 원할 뿐, 생각을 나누는 일에는 별로 관심이 없는 듯합니다. 나는 여러분의 생각을 담아 두려고 마음에 달빛이나 바람이 머물 수 있는 여백을 마련해 놓으려 합니다. 이것이 성경 말씀에 적시된 '마음이 청결한 자'가 누리는 천국이지 않겠습니까.

깨달음과 거듭남

'깨달음'하면 불교를, '거듭남'하면 기독교를 떠올리게 되는데 이것은 언어에 대한 친숙함에서 비롯된 오해입니다. 혹자는 '깨달음'은 스스로 수행에서 얻어지는 결실이며 '거듭남'은 중보자에 의해 주어지는 호혜로 본인의 노력과는 무관한 것으로 생각합니다. 그러나 이는 매우 종교적, 교리적 접근방식일 뿐, 이분법적으로 나눌 수 있는 것은 아닙니다. '깨달음' 없이 '거듭남'에 이르지 못하고, '거듭남' 없이 '깨달음'을 얻을 수 없습니다.

'깨달음'은 '깨우침' '앎'을 의미합니다. 믿음은 앎에서만 가능합니다. 모르고 믿는 것, 즉 '앎'에서 비롯되지 않은 믿음은 스스로를 속이는 것인데 교회 안의 적잖은 사람들이 이런 오류에 빠져 있다고 봅니다.
'깨달음'은 주체적이며 대단히 주관적입니다. 예수를 믿기 위해서는 성경을 읽고, 듣고, 묵상하는 등 많은 노력을 통해서 예수의 사상을 알게 되며, 자신이 그 사상 속에 잠김으로써 '깨달음'을 얻게 됩니다.

이 '깨달음'을 통해 전혀 다른 자신을 체험하게 되는데 나는 이런 변화된 모습을 '거듭남'이라고 생각합니다.

나는 일전에 '도마복음'을 친절하게 해설해 놓은 '또 다른 예수'라는 책을 우리교회 강명중 목사님으로부터 선물 받은 적이 있습니다. 공관복음이 예수의 탄생, 기적, 죽음과 부활, 재림과 심판 등 종교적 수사로 채워져 있는 것과는 달리 도마복음은 '깨달음'에 관해 강조하고 있습니다. '내 속에 빛으로 계시는 하나님을 아는 것' '이것을 깨닫는 것'에 관해 말씀하고 있습니다.

책을 읽고 성찰에 이릅니다. 지금 우리의 모습이 나에게 던져진 공짜 예수를 부적처럼 지니면서 스스로 거듭났다고 착각하고 살지 않았는지 반성하게 됩니다. 우리 속에 빛으로 계시는 하나님을 발견하는 것과 빛인 예수를 우리 속에 모시는 것이 '깨달음'과 '거듭남'의 바른 자세이지 않겠는가 생각해 봅니다.

익어가는 인생

어느 가수가 부른 노래에 "우린 늙어가는 것이 아니라 조금씩 익어가는 겁니다."라는 노랫말이 있습니다. '바램'이라는 이 노래 제목이 시사하는 바는 인생이란 '늙음'이라는 시간적 개념이 아닌 '익음'이라는 내용적 의미가 더 중요하다는 것을 말해주고 있습니다.

인생을 늙어가는 것이라고 단정할 때, 소망은 점점 사라지고 노쇠한 모습은 점차 볼품없어 결국 추한 모습만 남게 됩니다. 그러나 인생을 익어가는 것이라고 의식하고 살게 되면 샘물이 넘쳐나듯 언제나 열정적 자세로 삶에 도전하게 되며, 나름대로의 인생의 아름다운 발자취를 남기게 됩니다.

인생의 짧음에 관해 시편기자는 "우리의 연수가 칠십이요, 강건하면 팔십이라도 그 연수의 자랑은 수고와 슬픔뿐이요, 신속히 가니 우리가 날아가나이다."(시편 90편 10절)라고 쓰고 있습니다. 화살이 날아가듯 덧없는 세월 앞에 익어가는 인생으로 살기 위해 무엇을 할 것인가를 생각한다면, 그 순간부터 인생은 새로운 길이 보이게 됩니다.

특히 그리스도인의 삶이 사랑과 봉사와 섬김과 희생과 같은 이타적 삶이 될 때, 비로소 세상은 교회를 아름다운 공동체로, 우리를 그리스도인으로 바라보게 될 것입니다. 어떠한 제도나 교리를 통해서가 아니라 자발적으로 예수의 삶을 실천하는 사람을 나는 '스스로 익어가는 인생'이라고 생각합니다.

스스로 익어가기 위해 묵상하고, 스스로 익어가기 위해 기도하며, 스스로 익어가기 위해 신앙생활을 하는 모습은 아름답습니다. 하루를 살아 하루만큼 익고, 일 년을 살아 일 년만큼 익는다면 잠언서가 말한 "백발은 영화의 면류관이라 의로운 길을 얻으리라" 말씀을 이루게 될 것입니다.

단풍드는 나이

"오매, 단풍들것네/ 장광에 골 붉은 감잎 날아와/ 누이는 놀란 듯이 치어다보며/ 오메, 단풍들것네" 김영랑의 시 한 구절입니다. 울긋불긋 단풍이 들자 사람들은 삼삼오오 무리를 지어 단풍구경 나들이를 합니다. 예쁜 단풍을 사진기에 담기도 하고 단풍을 배경으로 활짝 웃는 사진을 찍기도 합니다.

그런데 초록의 잎사귀가 단풍이 되는 이유는 잎이 더 이상 활동을 하지 않기 때문입니다. 잎이 활동이 멈추면 초록의 엽록소가 파괴되고 자기분해가 진행되는 현상이 곧 단풍이지요. 단풍이 들어가는 산을 보면서 어쩜 인생도 식물과 다를 바 없다는 생각을 했습니다.

인생에 단풍이 드는 나이는 사람마다 차이는 있겠지만 대략 60세를 전후해서 시작된다고 할 수 있겠습니다. 퇴직하거나 일터를 떠나 더 이상 활동을 하지 않는 나이가 되면 천천히 자기분해가 일어나게 됩니다. 사람들 눈에는 할 일을 다 마친 성공적이며 조금은 호사하게 보이지만 정작 자신은 한없는 쓸쓸함을 느끼게 되는 나이입니다.

혹자는 단풍으로 물들어가는 인생 후반인 65세에서 75세가 인생이 가장 행복한 시기라고 말하지만 그건 건강과 재력을 갖춘 경우에만 해당되는 말입니다. 문제는 어떻게 늙어갈 것이냐 하는 것입니다. 인생이 시들어가는 것이 아니라 곱게 물들어 가려면 잘 늙어야 하는데 깊은 성찰과 타인에 대한 아량이 몸에 배어 있어야 가능합니다. 특히 그리스도인이 아름다운 단풍으로 물들기 위해서는 성령의 열매 곧 사랑과 희락과 화평과 오래 참음과 자비와 양선, 충성과 온유와 절제로 예수 그리스도의 성품을 닮아야 가능합니다.

예쁜 단풍나무 앞에서 사진을 찍듯 곱게 단풍이 들어가는 우리의 모습을 하늘에 계신 아버지께서 내려다보시며 "오매, 단풍들겠네" 하시며 흡족해하지 않겠는지요.

처음 늙어보는 이들에게

거울 앞에 서면 반백의 머리칼이며 내려앉은 눈꼬리며 여기저기 깊게 패인 주름살을 보게 됩니다. 일순간에 홍안의 준수함이 사라지고 노인의 모습이 선명한 모습을 볼 때마다 병석에 누워서도 저를 보면 "아들아 너는 늙지 말거라" 하시던 어머니의 말씀이 떠오릅니다. 가는 세월을 누가 막을 수 있겠습니까만 그 말씀 속에는 아들에 대한 지극한 사랑이 담겨있어서 늙어가는 제 모습을 볼 때마다 거듭거듭 어머니의 사랑을 잊을 수가 없습니다.

위 단상의 제목은 42세에 파킨슨병을 진단받은 마이클 킨슬리가 저술한 책의 이름입니다. 책의 내용은 차치하고 책의 제목이 주는 울림이 크기에 나라면 처음 늙어보는 사람들에게 무슨 말을 해 줄 수 있을까를 잠시 생각해 봤습니다.

우선 늙음을 누려보라고 권하고 싶습니다. 젊음은 경험부족으로 인한 시행착오 그리고 끝없는 경쟁 사회구조로 인해 소비해 버린 데 반

76

해 늙음은 풍부한 경험과 성찰 그리고 경쟁의 대상도 없는 상태에서 그저 소비해 버리기에는 아깝다는 생각이 들었습니다.

늙음을 소비하지 않고 누린다는 말은 자신에게 관대해진다는 것을 뜻합니다. 자신에게 찾아오는 늙음의 현상, 즉 몸의 쇠함을 인정하는 것입니다. 귀와 눈이 어두워지고 여기저기 몸이 아파지는 상태를 자연스럽게 받아들이는 자세입니다.

그늘이 짙으면 짙을수록 반대편의 밝음은 더 밝습니다. 이처럼 몸은 쇠잔하지만 정신은 더 맑고 이상은 더 자유롭습니다. 그러므로 늙음의 누림은 정신의 누림을 의미합니다. 성경은 "백발은 영화의 면류관이라 의로운 길에서 얻으리라"(잠언 16:31)라고 말씀하고 있습니다. 의로움은 정신이 지향해야 할 가치이고 보면 처음 늙어보는 사람들에게 "늙음을 누리라"라고 말해 주고 싶습니다.

손자와 걷는 나의 엠마오 길

대학 다니는 손자가 방학을 해서 집에 왔습니다. 쉬겠다는 손자를 재촉해서 산책을 나섰는데 그만 소나기를 만났습니다.

손자는 돌아가자고 했지만 난 함께 빗속을 걷고 싶었습니다. 그것은 그와 대화를 계속하고 싶었기 때문입니다. 우산도 없이 빗속을 걸으면서 우리는 대화를 계속했습니다.

그의 이야기 속에는 현대를 살아가는 젊은이들의 고민이 고스란히 담겨 있었습니다. 자연스럽게 화두는 일자리에 관한 대화로 이어졌습니다. 내가 손자에게 말했습니다. 일자리가 없는 것이 아니라 힘든 일을 하지 않으려는 것 때문에 일자리가 없는 것이라고 했습니다. 손자가 내게 물었습니다. 직업에 귀천이 없다 하는데 현실은 엄연히 귀천이 있지 않느냐고 했습니다. 나는 환경미화원을 예로 들어 이렇게 말했습니다.

"어느 환경미화원이 공원을 쓸면서 '내가 부모를 잘못 만났고, 못 배웠고, 가난했기 때문에 이런 일을 하구나'하며 신세타령을 한다면 얼마나 불행하겠니? 그런데 같은 일을 하는 환경미화원이 '나는 오늘도 하나님이 만든 아름다운 지구의 귀퉁이를 쓸고 있구나!' 라고 생각한다면 마음이 행복해지지 않겠니? 바로 사람이 공부를 하는 이유는 이런 깨달음을 얻기 위함이란다." 손자가 말했습니다. "직업의 귀천은 사람의 마음가짐이겠네요."

빗줄기가 강해졌습니다. 훗날 손자가 혼자서 이 강변길을 걸으면 할아버지와의 대화가 생각날 것입니다. 길을 가다 혹 비를 맞게 되어도 지금 할아버지가 해준 이야기가 생각날 것입니다. 입추의 비는 맞았지만 내 마음은 어느 때보다 훈훈했습니다.

누가복음 24장에는 두 제자가 엠마오로 가던 중 예수님을 만나 대화를 하는 내용이 있습니다. 결론은 눈이 밝아져(깨달음) 예수님이 말씀하실 때 마음이 뜨거웠다는 것을 알게 됩니다. 이 엠마오의 동행 이야기는 무려 2천 년 동안 대화의 중요함을 말해주고 있습니다. 우리는 모두 지금 엠마오로 가면서 주님과 대화를 하고 있습니다. 이것이 신앙입니다.

눈길을 내며

눈을 쓸며 길을 냈습니다
되도록 멀리까지 길을 냈습니다
그리운 사람을 생각하며 길을 냈습니다
혼자 있기가 쓸쓸해서 길을 냈습니다
아무나 찾아올 수 있도록 길을 냈습니다
길을 내면서 행복해했습니다
휘파람을 불면서 눈을 쓸었습니다
그리고 뒤를 돌아보니 어느덧
내 속에 정갈한 길 하나가 나 있었습니다.

　　　　　　　　　　　　　－ 김상현, 「눈길을 내면」 전문

　위 시는 사십 대 초반에 쓴 「눈길을 내며」라는 나의 시입니다. 그런
데 26년이 흐른 지금도 그때와 똑같은 마음으로 눈을 쓸게 됩니다.
　눈이 쌓이면 그리운 사람이 올 수 없다는 절망감, 눈이 쌓이면 아무

도 오지 않는 허허로운 공간에 홀로 있다는 쓸쓸함, 그런데도 눈이 오기를 기다리는 마음은 누군가 눈을 뒤집어쓰고 먼 길을 걸어 내게로 올 것 같은 사람에 대한 그리움 때문입니다. 그가 누구이든 눈길을 걸어 내게로 오는 사람은 내게 무척 소중한 사람일 것입니다. 그래서 쉽게 오게 되도록 멀리까지 눈을 쓸며 길을 내는 마음은 행복한 것이지요.

눈이 옵니다. 함박눈이 내립니다. 이런 눈을 어머니는 "사박눈"이라고 했습니다. 국어사전에도 없는 말이지만 눈을 사뿐히 밟고 오는 발자국 소리가 담겨 있는 멋있는 의성어라는 생각이 듭니다.

눈을 쓸며 길을 내다보면 어느덧 내 속에 정갈한 길이 나 있습니다. 이런 정갈한 마음, 곧 누군가를 기다리는 마음이 성경에서 말씀하신 "마음이 청결한 자"가 아닐까 싶습니다. 흰 눈은 내 마음에 내리는 겨울의 '만나'라고 생각하면서 어린애처럼 입을 벌리고 눈밭을 뛰어다녀 봅니다. 떨어지는 눈발에 얼굴이 간지럽습니다.

인생은 여행입니다 1

삶은 여행입니다. 여행이기에 즐겁습니다. 이 시간여행에서는 이
야깃거리가 많습니다. 기쁜 일이 있는가 하면 슬프고 힘든 일들도 많
습니다. 행복과 불행은 시간의 한 길 위에 함께 놓여 있으며 즐거움과
슬픔은 한 길로 왔다가 한 길로 돌아갑니다.

저는 이번 인생여행에서 할머니와 어머니를 만나 그들로부터 과분
한 사랑을 받았지만 보답할 기회도 없이 생의 간이역에 내려드렸습
니다.

그분들뿐만 아니라 여행에서 만난 적잖은 분들을 중간중간 간이역
에 내려드리고도 지금 함께 여행하는 분들이 아직은 더 많습니다.

어떤 이는 형제로, 자매로, 어떤 이는 아내와 자식으로 또는 손자,
손녀로 만나 여행을 함께하고 있습니다. 또 어떤 이는 벗으로, 어떤
이는 스승으로 만나 여행을 함께합니다. 제 여행에서 이들이 동석하
는 것 같지만, 그들 입장에서 보면 그들의 여행에 제가 동석해 있다고

하겠습니다.

  수년 전부터 저는 고백교회에서 여러분을 만나 즐겁게 여행을 하고 있습니다. 제 인생열차, 저의 시간열차에 여러분이 타신 것입니다. 아니 제가 여러분의 열차에 무임승차한 것이 맞겠습니다. 기왕 함께하는 여행이 의미 있는 여행이었으면 좋겠습니다. 사랑하며, 존중하며, 신뢰하며, 아끼며, 화기애애한 여행은 즐거울 것이 분명합니다. 언젠가 여러분들은 제 종착역을 지나 더 멀고 먼 여행을 하시겠지만, 그때까진 아름다운 여행을 위해서 서로를 위해 기도며, 서로 위로하며, 서로 사랑을 나누면 지상에서 가장 아름답고 멋진 여행이 될 것입니다.

인생은 여행입니다 2

손자는 유별나게 기차를 좋아합니다. 그와 겨울여행은 기차여행을 하기로 했습니다. 산간내륙으로 달리는 완행열차를 타고 겨울 왕국 축제를 보기도 하고, 느릿느릿 남쪽 섬진강변을 달리는 추억의 증기 기관차를 타고 여행을 하였습니다. 그리고 지난주에는 우리나라 최북 단에 있는 도라산역에서 내려 비무장지대를 가보았습니다.

손자는 세계의 고속열차에 관해 많은 이야기를 내게 해주었습니다. 그를 통해 나는 기관차가 객차를 끌고 가는 동력집중형 기차와 객차에 동력기관이 붙어있는 동력분산형 기차가 다르다는 것을 처음으로 알 게 되었습니다. 손자는 기관사가 되어 들판을 끝없이 달려보고 싶다 고 말했습니다.

손자와 나는 역사와 문화, 경제와 통일에 관해 많은 대화를 나누었 지만 역시 내게 즐거움은 손자와 단둘이 여행을 하고 있다는 사실이었 습니다. 누가 묻지도 않았는데 나는 스치듯 만나는 사람들에게 손자랑 여행하고 있다고 자꾸만 말을 했습니다. 나는 피곤하면 그의 어깨에 기대어 잠을 자기도 했습니다.

인생은 마치 기차여행과도 같습니다. 생의 간이역에서 새로운 사람들이 타는가 하면 함께 타고 가던 사람들이 내리기도 합니다. 그런데 끝까지 내리지 않고 동행하는 분이 있으니 그가 곧 예수님입니다. 우리는 동행하는 그분과 많은 이야기를 나눕니다. 우리는 기도로 물어보고 그분은 성경 말씀으로 대답하십니다. 우리는 인생에 관해, 영생에 관해 묻고 그 분은 용서와 사랑과 천국에 관해 말씀해 주십니다.

우리는 그분이 좋아서 누가 묻지도 않았는데 "나는 예수님과 동행하고 있다."고 자꾸만 말합니다. 그분이 왜 죽으셨는지, 그분이 얼마나 우리를 사랑하셨는지 자꾸만 말하고 싶어집니다. 삶에 지치고 피곤하면 그분에게 기대어 쉬기도 합니다. 그분과 함께하는 인생의 여행이 즐겁습니다.

죽음은 생의 완성

얼마 전 신영복 선생이 타개하였습니다. 솔직히 나는 그를 잘 모릅니다. 뉴스를 보고 그에 대해 관심을 두게 되었습니다. 그는 나보다 조금 연상입니다만 같은 시대를 함께 살아가면서 어쩜 그리도 서로 다른 삶을 살았을까 생각했습니다. 내가 군에 제대할 때쯤 그는 간첩죄로 구속되었으며, 내가 날개를 단 듯 청춘을 보낼 때 그는 영어의 몸이 되어 20년이 넘게 감옥에서 보냈습니다. 내가 적당히 세상과 타협하며 소모적으로 살아갈 때 그는 곧은 의지와 깊은 깨달음으로 감옥에서 자신을 정금처럼 만들었습니다. 감옥은 그에게 철학의 공간, 역사의 현장 또는 신과 만나는 지성소와 같은 곳이었습니다. 선생과 시대를 함께 살면서도 고민하지 않았던 내가 선생의 죽음 앞에서 왠지 빚을 진 것만 같아서 마음이 무거웠습니다.

선생이 발인하는 날 아침, 눈발이 휘날렸습니다. 나는 함박눈을 맞으며 아직 열지 않은 서점 문을 두드려 그가 옥중에서 쓴 편지를 묶은

책『감옥으로 부터의 사색』을 샀습니다.

"겨울의 싸늘한 냉기 속에서 나는 나의 숨결로 나를 데우며 봄을 기다린다."는 그의 책, 첫 쪽, 첫 줄부터 감동이 일었습니다. 사형선고를 받은 그가 기다리는 봄은 어떤 것이었을까 생각하면서 독재의 암울한 시대에 봄을 기다리지 않았던 내 자신을 돌아 보니 부끄러웠습니다. "불행은 대개 행복보다 오래 계속된다는 점에서 고통스러울 뿐이다. 행복도 불행만큼 오래 계속된다면 그것 역시 고통이 아닐 수 없을 것이다."라는 그의 사유가 빈둥거리며 보냈던 내 젊음을 두고 뉘우침을 갖게 했습니다.

그의 죽음이 안타깝기 보다 오히려 그의 깨달음의 경지가 자신을 얼마나 행복하게 했을까를 생각하니 그가 부러웠습니다. 그의 죽음을 두고 문득 "죽음은 생의 완성"이라는 노자(老子)의 가르침이 떠올랐습니다. "나의 가는 길을 오직 그가 아시나니 그가 나를 단련하신 후에 내가 정금같이 나오리라"(욥기23: 10)는 성경구절처럼 역경 속에서 오히려 '내 속의 빛'을 발견함으로써 얻어지는 깨달음의 경지가 바로 정금이지 않겠는가! 생각했습니다.

밤새워 선생의 책을 읽고 아침에 집을 나섰습니다. 쌓인 눈발 위에 발자국을 찍으며 남은 생이라도 선생처럼 살아야겠다는 다짐을 했습니다.

나를 염(殮)합니다

"형제들아 내가 그리스도 예수 우리 주 안에서 가진바 너희에게 대한 나의 자랑을 두고 단언하노니 나는 매일 죽노라"(고전 15:31).

우리는 매일 사는 문제에 관해서 염려합니다만 죽음에 관해서는 생각하고 싶어 하지 않습니다. 죽음은 단회성인데 "매일 죽는다."는 바울의 말은 무슨 의미일까요? 육신의 죽음이 아닌 의식을 의미합니다. 바울은 예수 안에서 매일 죽는 것을 자랑으로 여긴다고 말합니다. 내가 죽고 예수가 사는 것을 의미합니다. 곧 예수의 새생명으로 다시 태어남을 뜻합니다.

바울이 이 말씀을 한 배경에는 우리의 삶의 의식, 삶의 모습이 예수의 의식, 예수의 삶과 반대편에 있기 때문에 우리 자신을 죽이고 그 죽임의 자리에 예수의 생명을 새롭게 심어야 한다는 의미가 있습니다.

나는 위의 말씀을 묵상하면서 진정한 삶이란 '내가 매일 죽는 것'이

'내가 매일 사는 것'임을 깨닫게 됩니다. 그럼으로써 매일 나는 나의 옛사람을 염(殮)하고자 합니다.

교만한 나를 염(殮)합니다. 눈물 없이 울었던 나를 염(殮)합니다. 헐 벗은 이웃을 돌아보지 않은 나를 염(殮)합니다. 형제의 시린 등을 어루 만지지 못하고 내 등의 따뜻함에 만족했던 나를 염(殮)합니다. 상투적 신앙으로 무감각해진 나를 염(殮)합니다. 불의에 눈감아 버린 나를 염 (殮)합니다. 사랑하는 사람들에게 상처를 준 나를 염(殮)합니다. 상처 받은 자신을 용서하지 못한 나를 염(殮)합니다. 북녘 동포를 우주의 끝 에 세워 둔 나를 염(殮)합니다. 세월호 참사에 희생된 아이들에게 달려 가지 못한 나를 염(殮)합니다. 밥을 먹으며 농부의 피땀을 미처 생각하 지 못한 나를 염(殮)합니다. 머리로만 판단하고 행동하지 못한 나를 염 (殮)합니다. 전쟁의 참혹함을 겪고도 그 속에 고통받는 이들을 위해 기 도하지 못한 나를 염(殮)합니다. 동물의 생명에 무자비한 나를 염(殮)합 니다. 꽃과 나무들을 함부로 꺾은 나를 염(殮)합니다. 생명을 사랑하지 못한 나를 염(殮)합니다. 헌신하지 못한 나를 염(殮)합니다. 이외에도 염(殮)할 것이 너무 많은 나를 염(殮)합니다.

2. 생명에 관한 사유

"인간이 다른 생명과 공생하기 위해 조금 덜 먹으면 어떻고 조금 덜 잘 살면 어떻습니까? 하나님께서는 지구라는 작고 아름다운 별에 수많은 생명체를 창조하시고, 스스로 보시기에 좋다며 기뻐하셨는데, 그의 형상인 인간이 앞다투어 생명체를 살육하고 진멸시키는 일이 과연 지성적인가? 신앙적인가? 인간적인가?를 반문해 봅니다."

금육월(禁肉月)

제 생각만이 옳다는 것은 아닙니다. 제 행동에 공감할 필요도 없습니다. 다만 생명에 관해 함께 생각해 보자는 뜻으로 이 글을 올립니다. 나는 오래전부터 6월 한 달은 육식을 하지 않기로 스스로 정하고 지켜오고 있습니다. 이를 잊지 않기 위해 6월을 금육월(禁肉月)이라 이름을 짓고 일체의 육식을 하지 않습니다. 이런 나를 보고 기독교인들의 첫 번째 질문은 "어느 종파이십니까?"하는 물음입니다.

우리가 신고 있는 구두는 송아지 가죽으로 만든 것입니다. 우리는 우리의 발을 편하고 따뜻하게 감싸주기 위해 어린 송아지가 희생되었다는 것을 미처 생각하지 못하고 살아온 것입니다. 그런데 인간을 포함한 모든 생명들의 가장 큰 두려움은 '죽음'입니다. 특히 생명들은 타자에 의해 목숨이 찬탈당할 때 가장 큰 공포를 느끼게 됩니다. 우리가 스스럼없이 먹었던 소와 돼지와 닭과 오리도 역시 죽음의 순간에 엄청난 공포와 아픔을 느꼈을 것이 분명합니다. 좀 더 노골적으로 말하자면 우리는 나의 창자를 채우기 위해 동물의 순대를 아무렇지도 않게 먹는 무자비함이 일상화되어 있었던 것입니다. 그러면서도 '생명 사랑' '생명 존중'을 말하는 것은 부끄럽습니다.

제가 정한 금육월의 의미는 한 달만이라도 생명의 찬탈을 멀리해 보자는 것입니다. 한 달만이라도 내가 먹었던 생명들에 대해 뉘우침을 가져보자는 것입니다. 한 달만이라도 그것들의 살이 내 살이라는 생명의 동질감을 느껴보자는 것입니다. 혹자는 제 의견에 평생 채식만 하고 살지 그러느냐고 윽박지르는 이도 있습니다. 옳습니다. 의식을 가졌지만 입맛의 유혹을 이길 정도로 성숙하지는 못했습니다. 기독교는 생명의 종교인데 여러분과 함께 6월 한 달은 생명에 관해 생각을 해보면 어떨까요?

생명존엄

장마가 끝나자 불볕더위가 땅을 달굽니다. 밤이 되자 더위에 지친 곤충들이 불 밑으로 모여듭니다. 그중 큰 집게를 가진 사슴벌레와 코뿔소 모양으로 뿔을 지닌 장수풍뎅이를 잡아 집을 마련하고 수박을 먹이로 주었더니 금방 생기가 돌아 보였습니다. 풍뎅이를 들여다보면서 생명의 존재, 생명의 움직임, 생명의 유한성에 관해 생각을 해봅니다.

잠자리를 잡아 꼬리를 자르고 그 자리에 강아지풀을 꽂아 날리던 일, 풍뎅이를 잡아 다리를 부러뜨리고 목을 비틀어 뒤집어 놓아 빙글빙글 날갯짓하는 것을 즐기며 "마당을 쓸어라! 마당을 쓸어라!"를 외쳤던 일, 메뚜기를 떼로 잡아 풀줄기로 엮었던 일, 방아깨비를 괴롭혔던 일 등 유년의 기억들이 떠올랐습니다. 그리고 나는 종심(從心)의 노년에 아득한 유년에 있었던 나의 무자비함에 관한 참회를, 수박을 먹고 있는 풍뎅이 앞에서 하게 되었습니다.

이 세상에 생명처럼 존귀한 것이 없는데 우리는 자(自), 타(他)를 구분해서 타자에 대한 생명은 존귀함을 모르고 지냅니다. 생명을 단지 먹거리의 대상으로만 생각하는 인간의 이기가 생명찬탈의 뉘우침을 외면하게 만듭니다. 때론 국가가 개발이라는 미명하에 생명을 파괴하는 폭력을 자행하기도 합니다. 대표적 사례가 파도가 닿는 곳까지 바다로 보존해야 하는데 바다를 가로막아 수많은 개펄생명체들을 죽게 합니다. 또 유연한 붓놀림 같던 모습의 강을 직선으로 만들고 물관리를 한다며 보를 만든 결과 강에는 모래무지와 재첩과 말조개가 사라졌습니다.

　인간이 다른 생명과 공생하기 위해 조금 덜 먹으면 어떻고 조금 덜 잘 살면 어떻습니까? 하나님께서는 지구라는 작고 아름다운 별에 수많은 생명체를 창조하시고 스스로 보시기에 좋다며 기뻐하셨는데 그의 형상인 인간이 앞다투어 생명체를 살육하고 진멸시키는 일이 과연 지성적인가? 신앙적인가? 인간적인가?를 반문해 봅니다.

　악마의 최종모습은 생명을 찬탈하는 것일진대 나는 풍뎅이 앞에서 "인생은 사랑이요 그 생명은 정신이다"라는 시인 괴테의 말을 떠올립니다.

전쟁은 죄악에 속한 것입니다

우리말 사전은 "전쟁"을 "국가와 국가, 또는 교전단체 사이에 무력을 사용하는 싸움"이라고 정의하고 있습니다. 한국전쟁과 베트남전쟁 등 두 차례의 혹독한 전쟁을 겪었던 나에게 "전쟁"이란 단어는 수많은 주검을 연상케 합니다. 그리고 "전쟁"은 내 생애 지울 수 없는 상처로 지금까지 가슴에 응어리져 있습니다. 이런 나에게 교회에서 자주 부르는 복음송가에 나오는 "전쟁은 하나님께 속한 것"이라는 노래는 불편함을 넘어 섬뜩함을 느끼게 합니다.

제가 성경을 찾아보니 이스라엘이 블레셋과의 전쟁에서 다윗이 골리앗에게 한 말입니다(사무엘상17:41~47). 많은 설교자가 이 구절을 들어 전쟁은 사람이 일으켜도 결과는 하나님께 달려 있다든가 하나님은 사람을 통해 전쟁을 일으키시며 섭리하신다고 말하고 있습니다. 이 같은 말은 전쟁의 참상을 모르고 구약을 확대해석한 결과입니다.

바로 인류의 죄악은 야훼를 수호신으로 믿기 때문에 수천 년 동안 전쟁이 계속되면서도 회개하지 않고 전쟁을 정당화시켰습니다. 전쟁이 하나님께 속했다고 믿기 때문에 중세에서는 하나님의 이름으로 칼과 창으로 수많은 생명을 해쳤으며, 지금은 하나님의 이름으로 폭탄을 퍼붓거나 하나님의 이름으로 폭탄을 몸에 두르고 뛰어들기도 합니다.

우리가 구주로 믿는 예수님은 무엇이라 말씀하셨을까요. "우리에게 대적한 자를 우리가 용서한 것처럼 우리 죄악을 용서하옵소서."(마태복음6:11, 영어성경 참조)라고 기도를 가르치셨습니다.

예수님은 상대를 진멸하시는 하나님이 아니라 용서의 하나님, 화해의 하나님, 사랑의 하나님이 하나님의 본 모습이라고 말씀하십니다. 천하보다 귀한 한 생명을 구원하기 위해 주님은 십자가를 지셨고 마지막 한 생명이 돌아올 때를 바라며 하나님은 기다리고 있습니다.

하나님은 이 땅에 전쟁이 없는 평화가 이루어지기를 원하십니다. "서로 사랑하라"는 그리스도의 복음이 땅 위에 편만할 때 천국이 이루어질 것입니다.

죽음의 땅을 생명의 땅으로

　한주 내내 한국현대사에 관한 책을 읽었습니다. 우리나라 현대사는 한마디로 비극의 역사였습니다. 그중 가장 끔찍한 일은 1948년에 일어난 4.3사건과 1950년의 보도연맹사건을 들 수 있습니다. 제주 4.3은 제주도민의 1/10인 3만여 명의 무고한 양민이 학살되었으며 1950년 한국전쟁이 발발하자 전국각지에서 20만 명의 보도연맹원이 학살당한 일이었습니다. 인민군의 점령 아래 남녘땅은 6만 명의 양민이 학살을 당했으며 같은 시기에 북녘 황해도 신천에서는 3만4천 명의 양민이 미군과 국군에게 죽임을 당했습니다. 특히 한국전쟁으로 우리겨레는 500만 명이 희생되었습니다. 당시 한반도는 죄 없는 사람들이 죽임을 당하는 코리안 킬링필드로 인류를 경악하게 했습니다.

　그 후 죽음의 망령은 수십 년 동안 살아남아 남쪽에서는 빨갱이란 누명을 씌어 체제에 반대하는 사람들을 억압했으며 북쪽에서는 반동분자라는 기괴한 이름으로 숙청을 정당화했습니다.

억압과 인권유린이 난무하던 죽음의 땅에서 역사의 꽃이 활짝 피었습니다. 80년 5월에 있었던 광주민주화운동은 인류 역사상 가장 숭고한 사건으로 유네스코 세계유산으로 등재되었습니다. 5 · 18은 인도의 민족운동 지도자인 간디가 말한 "비폭력은 악을 행하는 인간의 의지에 얌전하게 복종하는 것이 아니고, 폭력자의 의지에 맞서 온 영혼을 던져 싸우는 것이다"를 실천한 민중항거였습니다.

그리고 역사는 미래를 향해 달려 1,000만 명이 촛불을 켜들고 거리로 나와 부패한 정부를 무너뜨렸습니다. 바야흐로 한반도에 다시는 전쟁이라는 국가적 폭력이 없도록 하자며 남북의 정상이 백두산 천지에서 손을 맞잡고 약속하는 광경이 다시 세계를 놀라게 했습니다.

나는 한국현대사에서 교회가 어떤 역할을 해야 할 것인가를 생각합니다. 정의가 강처럼 흐르고 하늘의 평화가 땅에 편만하기 위해 교회는 물신숭배와 샤먼을 추방하고 길이며, 진리며, 생명이신 그리스도의 가르침에 충실해야만 합니다. 바로 한국교회가 죽음의 땅을 생명으로 땅으로 바뀌는데 중심적인 역할을 해야 합니다.

한반도의 봄

이상화 시인은 일본에 **빼앗긴** 나라를 한탄하며 "**빼앗긴** 들에도 봄은 오는가"라는 시를 썼습니다. 군사반란에 짓밟힌 80년 서울의 봄을 두고 "봄이 와도 봄 같지 않다"는 춘래불사춘(春來不似春)이라 말을 했습니다.

한국전쟁이 끝나고 배포된 교과서 뒷면에는 공산군을 무찌르고 백두산 영봉에 태극기 휘날리자는 호전적인 "우리의 맹세"가 있었습니다. 그 "우리의 맹세"를 아침 조회 때마다 소리소리 외치며 자랐습니다.

일본제국주의 치하의 36년간과 해방된 이후에도 한반도에는 한 번도 봄이 찾아오지 않았습니다. 온 민족은 봄을 염원했지만, 남북의 독재자는 봄을 막아서서 한반도를 꽁꽁 얼어붙는 동토(凍土)로 만들었습니다.

백 년이 넘게 봄을 잃어버린 백성들은 봄은 영영 오지 않을 것이라고 절망했습니다. 봄은 아예 말해서는 안 되는 금기 단어가 되었습니다. 봄을 기원하다가 영어(囹圄)의 몸이 된 사람들이 남쪽에도 북쪽에도 생겨났지만 낡은 이데올로기는 봄을 잊기만을 강요했습니다.

그런데 갑자기 한반도에 봄기운이 감돌기 시작했습니다. 남북의 지도자가 분단의 경계점에서 만나 평화의 봄을 논의하고 나면 미국과 북한의 지도자가 영원한 봄에 관해 논의하고 결국에는 한국전쟁의 당사국인 미국과 북한과 중국이 정전협정을 평화협정으로 대체는 놀라운 봄맞이 축제가 일어날 것입니다.

드디어 한반도는 "칼을 쳐서 보습을 만드는"(이사여 52장 2~5) 평화의 합창이 삼천리금수강산에 메아리칠 것입니다. 무기가 사라진 DMZ에는 사향노루와 반달곰과 사슴과 고라니가 뛰어놀고 그곳에서 남북의 음악회와 체육대회가 열리고 평화를 상징하는 성지로서 인류의 문화유산으로 등재 되어 이를 보려 세계 사람들이 몰려올 것입니다.

이제 한국교회는 봄의 부활을 위해 간절히 기도해야 합니다. 부활의 소망을 믿음으로 보여야 합니다.

평화의 사도

지구상에 마지막 남은 분단국가 한반도의 남북 정상이 포옹하면서 활짝 웃어 보였습니다. 남측 대통령을 열렬히 환호하는 북녘 동포의 모습과 이들을 향해 손을 흔들어 보이는 남측 지도자가 TV 화면에 클로즈업되었습니다.

땅과 바다와 하늘에서 다시는 무력을 사용하지 않으며 함께 평화와 번영을 이루어나가자는 합의서가 발표되었습니다.

남측 대통령은 수십만 북녘 동포들의 환호 속에 "존경하는 동포 형제 여러분!"으로 시작된 가슴 뜨거운 연설을 했습니다. 그리고 민족의 영산인 백두산에 올라 양 정상이 손을 맞잡고 통일을 기원했습니다. 청명한 천지에 아리랑이 울러 퍼졌습니다.

이런 일이 꿈이 아니었습니다. 2018년 9월 18일부터 사흘 사이에 있었던 믿어지지 않는 역사의 순간들이었습니다.

내가 베를린을 여행했을 때, 독일통일의 상징인 브란덴부르크 문

앞에서 느낀 점은, 통일을 이뤄낸 게르만 민족이 위대해 보였다는 사실입니다. 그리고 같은 동포를 주적으로 삼고 미움과 증오의 벽을 쌓고 70년 동안 살고 있는 우리민족이 한없이 부끄럽게 느껴졌습니다. 나는 10마르크를 주고 산 주먹 크기의 무너진 베를린 장벽 한 조각을 가방에 넣으면서 어서 우리도 통일이 되어 휴전선 155마일에 설치된 철조망을 조각내어 통일의 기념품을 만들어 길거리에서 나누어주는 날이 오기를 소원해 본 적이 있습니다.

이번 한반도의 남북 정상은 평화는 무기가 아닌 신뢰로 얻을 수 있다는 것을 전 세계에 보여주었습니다. 이 감동은 2000년 김대중 대통령의 방북과 2016년 촛불혁명에 이어 평화로 세상을 바꾸는 역사로 기록될 것입니다.

평화의 왕이신 예수님이 우리에게 말씀하십니다. "화평케 하는 자는 복이 있나니 그들이 하나님의 아들이라 일컬음을 받을 것이다"(마태복음5:9) 예수님은 세상의 모든 민족과 모든 인종과 모든 종교가 화해하기를 원하십니다. 나는 그리스도인들이 평화의 사도가 되어야 한다고 확신합니다. 샬롬

평화의 한반도, 꿈을 꿉니다

미합중국 대통령과 조선민주주의인민공화국 최고지도자가 만나서 68년간 지속하여온 휴전상태를 종결하고 영구적인 평화협정을 맺었습니다. 북한은 핵무기와 장거리미사일을 돌이킬 수 없도록 파기했고 미국은 북한이 국제사회에서 활동하며 교역하는데 어떠한 제동도 걸지 않았습니다.

동해와 서해에서 매년 전개되던 군사훈련이 사라지고 남북의 어선들이 사이좋게 고기를 잡습니다. 휴전선에서는 상대를 비방하는 방송이 사라지고 아리랑과 통일의 노래가 울러 퍼졌습니다. 세계가 열광하는 가운데 한반도 평화에 주도적 역할을 한 주역들이 한꺼번에 노벨평화상을 수상하였습니다. 이를 시점으로 강대국들의 군축이 시작되고 세계는 종교와 문명의 다름을 서로 인정하고 테러나 전쟁이 종식되었습니다.

개성공단이 활발하게 움직이고 금강산으로 가는 뱃길과 육로가 열려 아침마다 기분 좋은 뉴스를 듣게 되었습니다. 남북 정상은 사이좋은 이웃집 남자들처럼 자주 만나 평화와 겨레의 행복과 번영을 논하고 첫 결과물로 휴전선에 남북의 장마당이 들어섰습니다. 장마당 한쪽에서는 남북의 장사들이 씨름판을 벌이기도 하고 꽹과리와 장구를 치며 상모를 돌리는 풍물놀이가 흥을 돋우고 있습니다.

유라시아로 가는 철도가 연결되어 우리 기차가 평양역, 신의주역을 거쳐 시베리아 대륙을 씽씽 내달리고 세계 각지에서 열리는 체육대회에서는 한반도기를 앞세운 남북한 단일팀이 승승장구 메달을 땄다는 뉴스가 들려옵니다. 이르쿠츠크와 사할린에서 값싼 가스가 북녘 땅을 통과해서 남쪽에 들어와 더 이상 값비싼 석유를 사 오지 않아도 되었습니다. 남쪽의 자본과 북쪽의 노동력이 결합한 한반도의 경제는 수직으로 성장한 가운데 북쪽은 사상 유례 없는 고속경제성장을 하게 되었습니다.

북녘에서는 지하교회가 지상으로 올라오고 남녘교회에서는 회개운동이 일어나 위기의 기독교를 일신하게 되었습니다. 예수님의 보혈로 한반도가 거듭나는 역사는 이천 년 기독교사에 찾아볼 수 없는 성령운동으로 기록되었습니다. 드디어 교회는 대형화를 멈추고 가난 속으로 들어가 그리스도의 말씀을 실천하게 되었습니다.

이것이 내가 꿈꾸고 있는 한반도의 평화입니다.

전쟁과 평화

레마르크는 19세에 1차 세계대전에 참전하고 소설 『서부전선 이상 없다』를 써서 명성을 얻었습니다. 나는 그와 같은 나이인 19세에 베트남전쟁에 참전하고 『미완의 휴식』이라는 장편논픽션을 책으로 펴냈지만, 사람들에게 읽힐 기회를 얻지 못했습니다. 나는 책, 첫 쪽에 "대한민국 병사들의 어머니와 베트남민족해방전선 전사들의 어머니께 이 책을 바친다."는 머리글을 남겼습니다. 베트남민족해방전선은 적이었던 베트콩을 일컫는 말입니다.

나는 정글과 늪지대에 나뒹구는 무수한 주검들을 보면서 저들을 기다리고 있을 어머니들을 생각하니 눈물이 났습니다. 하나님의 형상인 인간이, 신비로 가득 찬 소우주인 인간이, 정신의 위대함을 자랑하는 인간이 단 몇 센트짜리 총알 한 방에 모든 것이 끝장나버리는 어처구니없는 폭력 앞에 하나님까지도 무력하게 느껴졌습니다. 침묵하는 하나님을 이해하지 못한 가운데 나만이라도 전쟁의 참혹함과 전선에서 살아남은 자들이 겪어야 하는 깊은 상처를 책에 담아야겠다고 생각했습니다.

언제나 전쟁은 평화로 위장되고 살육은 생명으로 위장됩니다. 강대국들은 자신들의 이익을 위해서 생명에 관한 윤리는 아랑곳하지 않고 약한 나라들을 침공합니다. 전쟁을 일으키기 위해 종교 간 갈등을 부추기기도 하고 이념 간에 증오하도록 마음을 부추깁니다. 나는 차량에 파병반대 스티커와 사진을 붙이고 우리정부의 이란 파병정책에 반대하며 국방부와 서울거리를 쏘다니며 1인 시위를 한 적이 있습니다.

전쟁을 두려워하지 않는 지도자를 둔 한반도가 전쟁의 위험성이 가장 높은 곳으로 떠오르는데도 평화의 왕인 예수를 믿는 교회는 평화를 위해 기도하지도 어떠한 행동도 하지 않습니다. 오히려 교회가 북녘 동포와 무슬림에 대한 증오심을 키우고 있습니다.

회개하지 않으면 그분이 우리의 촛대를 옮기실 것입니다.

땅에는 평화

성탄절이 다가오자 교회당마다 성당마다 "하늘에는 영광, 땅에는 평화"라는 현수막이 걸렸습니다. 그런데 평화의 왕이신 예수님이 태어나신 후 이천 년 동안 인류는 전쟁과 폭력으로 점철된 살육의 역사였습니다. 부끄럽게도 그 전쟁과 폭력의 중심에 기독교가 있었습니다. 지금도 미국의 기독교근본 복음주의자들은 이슬람을 진멸의 대상으로 생각하고 있으며 그 연장 선상에서 중동은 피로 얼룩지고 있습니다.

"하늘에는 영광, 땅에는 평화"라는 현수막을 내걸고 안에서는 "북녘 땅을 불로 멸망시켜 달라"고 기도하는 교회들도 있습니다. 사랑으로 세상을 변화시키려는 예수의 정신과는 거리가 먼 폭력의 심판을 요구하고 있는 것이지요.

북한이 핵과 대륙 간 미사일을 개발하자 그 빌미로 일본이 무장을 하고 한국은 사드배치와 신무기를 대량으로 구입하고 미국은 엄청난

액수의 무기장사로 재미를 보고 있는 사이 한반도는 세계에서 가장 위험한 화약고가 되었습니다.

한반도에서 전쟁이 일어나게 되면 인류역사상 최악의 인명피해가 예견되며 파괴에 따른 피해는 재건이 불가능할 것이라고 합니다.

한반도의 긴장은 주변 강대국들에게는 국익이 되는 것만은 틀림이 없습니다. 그런데 정작 평화를 추구해야 할 당사자인 우리는 대결과 혐오와 단절의 남북관계를 유지해 오고 있는 상황이 지속되고 있습니다.

예수님이었다면 무엇이라 했을까요? 그 해답을 찾는 것이 올해의 성탄절에 우리가 생각해야 할 숙제라고 봅니다.

"아버지의 뜻이 하늘에서와같이 땅에서도 이루어지"기 위해서는 신무기가 아니라 사랑으로 무장해야 가능합니다. 그 운동과 전개는 한국교회의 본분이기도 합니다.

창조에 관한 오해

　지금 우리교회는 창조절을 기념하고 있습니다. 우리는 천지만물을 창조하시고 유지하시는 하나님의 신묘함에 경이로움을 갖게 됩니다. 그런데 창조에 관해 오해가 있습니다.

　하나님은 신이심으로 시간과 공간을 초월하신 존재인데도 불구하고 인간과 같은 인격체로 오해함으로써 하나님을 시간 속에, 공간 속에 가두어 버립니다.

　하나님께서 천지만물을 창조하신 일을 시간상으로는 까마득한 옛날, 공간상으로는 에덴이라는 곳에 국한해 버리면 하나님의 천지창조는 신화가 되어 버립니다.

　시간과 공간을 초월한 하나님을 이해하게 될 때 비로소 창세기에 기록된 창조의 시간이 곧 지금이며, 창세기에 기록된 에덴이 지금 우리가 서 있는 곳임을 알게 됩니다. 그러므로 하나님께서는 멈추지 않으시고 지금 이 순간에도 생명을 창조하고 계십니다. 이는 지구가 생긴 이래 수많은 생물체가 존재했다가 사라지고 다시 그 자리에 다른 생물체가 존재했던 것을 봄으로써 증명할 수가 있습니다.

하나님께서는 이렇게 창조하신 생물체에게 복을 주어 "생육하고 번성"하게 하셨으며 인간에게 그것을 맡기시며 "다스리라"고 부탁하셨습니다. 그런데 지금 우리는 어떻게 하고 있습니까?

우리는 자연으로부터 착취를 생산이라 하고 그 결과로 얻게 된 풍요를 축복(福)이라 하지는 않습니까?

생산에는 생명들의 고통이 동반됩니다. 백열등 아래 쉬지 못하고 알을 낳는 닭, 갇혀 먹거리로 대량 사육되는 소, 가두리에 갇혀 항생제가 섞인 사료를 먹는 물고기, 성장 호르몬을 주입한 개량된 돼지, 유전자가 조작된 콩 등 헤아릴 수 없을 정도로 타 생명에 대한 인간의 악행은 계속되고 있습니다. 인간으로 인해 고통받는 당신의 창조물을 보신 하나님의 심정은 어떠하겠습니까?

지금 과학은 인간의 성장 호르몬을 생쥐의 태아에 삽입하여 이상한 생쥐를 만드는가 하면 양과 염소의 태아세포를 결합하여 기괴한 동물을 만들기도 합니다. 이 모든 반역이 하나님이 창조를 끝내시고 아무것도 하지 않는다고 생각하는 인간의 무지에서 생긴 결과입니다.

주님만이 위로자입니다

성경은 우리 인생을 '수고와 슬픔'뿐이라고 말씀하고 있습니다(시편 90편10절). 수고는 우리가 능히 감당할 몫이지만 슬픔은 외부로부터 우리에게 주어지는 것이기 때문에 감당하기가 힘듭니다. 아무리 행복한 사람도 절반이 슬픔입니다. 그런데 슬픔 중에도 갑자기 사랑하는 가족을 잃게 되는 경우, 그 슬픔은 말로는 형언할 수가 없습니다.

가까운 분들로부터 부음(訃音)을 듣게 되면 달려가 문상을 합니다. 이때 슬퍼하는 가족을 뵈면 슬픔이 가슴으로 전이되어 옵니다. 무슨 말로도 위로가 되지 않는 현장에서 유족의 슬픔을 나누는 것으로 조문(弔問)을 대신하게 됩니다.

유족의 슬픔은 그리워도 다시는 볼 수 없다는 것, 사랑한다는 고백에 다시는 대답을 들을 수 없다는 것, 다시는 따뜻한 살결을 만져볼 수 없다는 것, 이 모든 슬픔은 죽음이라는 육체와의 이별에서 생기게 되는 것입니다.

슬픔 뒤에 숨겨진 믿음의 눈으로 보면 죽음은 낡은 육체의 옷을 벗고 주가 마련한 하늘의 옷(天衣)로 갈아입고 다시는 죽음이나 애통이나 아픔이나 눈물이 없는 안식의 세계로 들어가는 것을 의미합니다(요한계시록 21장4절). 곧 죽음은 삶의 또 다른 완성이라 할 수 있습니다. 이 믿음이 그리스도인 유족에게는 위로가 됩니다.

지난주 우리교회에서는 안수집사님 한 분이 소천하셨습니다. 온 교인이 장지까지 함께하였습니다. 육체의 흔적은 한 줌 제로 남겨져 시가 운영하는 봉안당에 안치되었습니다. 나는 봉안당을 나오면서 게시판에는 남겨진 많은 글을 보았습니다. 그 글 중에 "당신이 제게 베푼 사랑을 오랫동안 잊지 않겠습니다."라는 어느 고인의 배우자가 남긴 짤막한 글이 마음에 머물렀습니다.

그렇습니다. 우리의 조문은 슬픔을 나눌 뿐, 진정한 위로자는 상처받은 유족의 마음을 어루만지는 예수님 한 분입니다. 나는 기도합니다. 유족이 먼저 가신 안수집사님이 가족에게 베푼 사랑을 간직하되 그 외 모든 것은 속히 잊어버리기를 기도합니다. 그 슬픔의 자리에 눈물을 씻겨주는 예수님이 있습니다.

"이제 집에 가자"

"이제 집에 가자!" 3년 전 진도 팽목항에서 차디찬 딸의 주검을 부둥켜안고 오열하는 어느 아버지의 절규입니다. 이 말 속에는 그날의 모든 비극이 함축되어 있습니다. 그런데 그보다 더 큰 비극은 자식을 잃은 부모와 아직 주검을 수습하지 못한 부모의 심장에 비수를 꽂는 무정한 사람들이 우리사회에 많다는 데 있습니다.

당시의 대통령이던 박근혜씨는 유족을 만나주기는커녕 세월호의 '세' 자도 못 꺼내게 했다고 하니 3년 동안 세월호는 맹골수도에 가라앉은 채로 있을 수밖에 없었습니다. 그동안 보수언론은 유족의 슬픔을 이념논쟁으로 몰아가고 급기야는 보상금을 두고 엉뚱하게도 연평해전 전사자들과 비교하는 일도 생겼습니다. 세월호 참사 규명을 외치며 단식투쟁을 하는 사람들 곁에서 통닭을 먹으며 비아냥거리는 사람들이 있는가 하면 세월호를 인양하는 비용이 아깝다며 바닷속에 세월호를 그대로 두자고 말한 국회의원도 있었습니다. 이런 행위가 세월호 참사보다 더한 우리 사회의 비극입니다.

　지금 인양된 세월호에서는 미수습자의 유해를 찾느라 개펄을 조심스럽게 씻어내고 있습니다. 그것을 바라보는 유족의 마음이 오죽하겠는가 생각하니 가슴이 메워집니다.

　최근에 발견된 인골이 감식결과 단원고 2학년 조은희 양인 것으로 판명되었습니다. "여기 그만 있고 이제 집에 가자"고 오열하는 조양의 아버지를 뉴스는 클로즈업시켰습니다. 새 대통령이 유족을 껴안고 위로하는 장면이 신문에 실렸습니다. 매스컴은 세월호 진상규명이 필요하다고 말하고 유족의 아픔을 방영하기 시작했습니다. 새 대통령이 선출되자 갑자기 딴 세상이 된 듯했습니다. 문득 선한 사마리아인을 비유로 말씀하신 예수님, 그분의 마음을 생각했습니다. 새 대통령이 예수님께서 말씀하신 선한 사마리아인처럼 느껴졌습니다. 서민의 아픔을 어루만져주는 진정한 이웃으로 느껴졌습니다.

꽃그늘에 누워 눈물을

꽃그늘에 누워 무수한 꽃잎들을 우러러봅니다. 4월의 벚꽃은 그 화사함에 꽃 멀미를 느끼게 합니다. 난데없이 바람이 불어 꽃잎들이 우수수 떨어집니다. 문득 65년 전 4월의 제주도, 꽃다운 아이들이 영문도 모르고 죽임을 당했던 슬픔이 떠오릅니다. 이른바 제주4.3사건입니다. 해안에서 산 쪽으로 5킬로가 생과 죽음의 경계선이 되었습니다. 해안마을을 제외하고 중산간마을은 토벌대에 의해 노인에서 젖먹이까지 무참하게 살해되었습니다. 희생된 사람이 제주 전체인구의 1/10인 무려 3만 명이나 되었습니다. 전쟁이 아니고서는 이렇게 많은 사람이 희생되지는 않습니다. 이런 끔찍한 일이 반세기 동안 쉬쉬하며 숨겨져 왔습니다. 4.3은 민주정부가 들어서고야 진상규명과 희생자 명예회복을 위한 특별법이 마련되어 역사의 양지로 걸어 나오게 되었습니다.

우리가 살고 있는 대전 산내에 있는 골령골에는 열흘 사이에 좌익사상을 지녔다는 이유로 국군과 경찰에 의해 1,800여 명이 집단 학살

되었습니다. 사상이 다르다고 생명을 찬탈하는 행위는 결코 용서받을 수 없는 죄악이며 자유민주주의와도 거리가 멉니다. 나는 억울하게 희생된 이들을 생각하며 아래와 같이 「망초꽃」이라는 시를 썼습니다.

골령골 골짝에 망초꽃 피었어요
하늘을 향해 반듯이 누워있는 당신
흙 속에 머리 묻고 엎디어 있는 당신
쭈그린 채로 고개 떨구고 있는 당신
여태 집에 가지 않았어요?
당신 알지 못했던 마르크스주의로 인해
살 처분된 당신
그날, 그렇게 끌려와
시퍼렇게 눈 뜬 채로 백골이 된 당신
넋도 한이 서려 당신 곁을 떠나지를 못하고
별빛 아래 시름시름 앓던 혼불
여태 집에 가지 않았어요?
당신 거기에 두고 우린 울지 못했어요
풀벌레도 목을 놓아 우는데 우린 울지 못했어요
60년 동안 잊어버린 풀, 망초꽃 피었네요
총구멍 백골 사이로 뿌리내린 망초꽃
오늘에야 봐요
눈이 시리도록 봐요.

– 김상현, 「망초꽃」 전문

그분의 세계

왜 우리는 불안해하는가? 왜 아파하는가? 왜 좌절해야만 하는가? 시간 속에 갇혀있기 때문입니다. 무지하기 때문입니다. 흙에서 태어나 티끌로 사라지는 유한한 존재이기 때문입니다. 우리의 시간은 순간입니다.

우주밖에 더 큰 우주가 있음에도 우리는 눈에 보이는 별들을 우러르며 우주를 상상합니다. 우리가 보는 꽃은 훨씬 아름다운 빛깔을 가지고 있지만, 우리 눈이 볼 수 있는 한계는 고작 가시광선 안에 머물고 있습니다. 미생물의 세계는 현미경으로만 관찰할 수 있습니다. 이것이 인간의 한계입니다.

인간이 하나님을 안다는 것은 개미가 인간을 안다고 하는 것과 다를 바 없습니다. '인간만큼의 인간'이 '하나님만큼의 하나님'을 이해한다는 것은 오직 믿음으로만 가능합니다. 하나님의 광대하심은 우리가 볼 수 없는 훨씬 큰 세계를 창조하시고 창세부터 지금까지 균형을 유지하시고 있습니다. 그럼에도 "어리석은 자는 그 마음에 이르기를 하나님이 없다"(시편 53편1절)며 하나님을 부정합니다.

기독교 문화 속에 있다고 해서 하나님을 믿는 것은 아닙니다. 하나님이 원하는 세계는 "칼을 쳐서 보습을 만들고 창을 쳐서 낫을 만들며 이 나라와 저 나라가 칼을 들고 서로 치지 아니하며 다시는 전쟁을 연습하지 않는"(미가 4장 3절) 절대 평화의 세계입니다.

지금 세계는 나라마다 군비를 증강하고, 앞다투어 최신의 대량살상 무기를 만들고 있습니다. 21세기의 예루살렘이라고 하는 한반도에는 남북 쌍방이 군비를 늘려가고 있습니다. 이 같은 현상은 무기가 나라를 지킨다는 무신론적인 불신앙이 자리 잡고 있기 때문입니다. 저는 새 정부의 대북정책이 칼을 쳐서 보습을 만들겠다는 평화정책이었으면 좋겠습니다. 그것만이 북한이 핵을 포기할 수 있도록 하는 첩경이 될 것입니다.

슬픈 이별에 숨겨진 비밀

인생에서 가장 슬픈 일은 가까운 사람을 먼저 저 세상으로 보내는 이별일 것입니다. 며칠 전에 나는 사랑하는 누이동생과 슬픈 이별을 했습니다.

나는 누이동생이 죽기 바로 전에 병원을 찾았습니다. "일어날 수 있겠냐?"라며 내가 물었습니다. 동생은 고개를 가로저었습니다. 나는 동생을 안아주며 귀에 대고 "사랑한다. 잘 가라."고 말했습니다. 동생이 환하게 웃었습니다. 동생은 마지막으로 눈물 대신 환한 미소를 내게 선물했습니다.

그리고 며칠 전 동생의 유해를 땅에 묻었습니다. 사랑하는 누이동생을 다시는 지상에서 볼 수 없다는 사실이 가슴 아팠습니다.

앞으로도 두고두고 가슴이 저린 슬픔은 누이동생에 관한 추억일 것입니다. 누이동생을 천국으로 부르신 하나님의 뜻을 나는 이해할 수 없지만, 그녀의 한 생애에 내가 가족으로 곁에 있을 수 있었다는데 하나님께 감사했습니다.

지금 누이는 어느 봄날보다 환하고 따뜻한 그곳에서 어머니를 만나고 있을 것입니다. 그리고 어머니 가신 후 우리들의 이야기를 늘어놓으며 환한 미소를 짓고 있을 것입니다.

살아있는 우리가 이 세상에서 할 수 있는 것은 '서로 사랑하는 일'뿐입니다. 그것만이 슬픔을 이길 수 있는 힘이기 때문입니다. 사랑의 힘은 죽음을 이깁니다. 비록 죽음이 육체를 이길 수 있을지라도 가슴 속에 고인 사랑은 어쩔 수가 없습니다.

그러므로 사랑하는 사람은 죽음을 맞이해도 결코 죽지 않습니다. 주변의 많은 사람들에게 사랑을 나누어 보관시킴으로써 그들로 두고 두고 자기를 기억토록 합니다. 부디 여러분은 남겨진 시간을 돈이나 명예나 지식을 위해 인생을 낭비해버리지 말고 누군가를 사랑하십시오. 사랑은 슬픈 이별에 숨겨진 값진 비밀입니다.

상상의 기쁨

"인간 내면의 상상력은 신으로부터 받은 선물이다"라는 말이 있습니다. 인간의 상상력은 오늘의 인류문명을 창조한 원동력이며 미래 과학기술의 지평을 넓혀주는 힘이기도 합니다. 사람들이 상상력이라는 보이지 않는 힘을 갖게 되는 까닭은 상상이 가져다주는 기쁨 때문입니다.

나는 피할 수 없는 상황이라면 현실을 긍정적으로 받아들이려고 노력합니다. 종심(從心)의 나이에 음식을 만들어 사람들 앞에 내어놓는 현실 역시 나는 긍정적으로 받아들입니다. 그런데 이 긍정의 밑바닥에는 상상이라는 나만의 즐거움이 있습니다.

예컨대 젊은 사람들이 좋아하는 서양식 요리 중에 '파스타'라는 음식이 있습니다. 난 이 음식을 만들 때 이런 상상을 합니다.

"사람들은 모른다. 서양음식 파스타에 월계수 이파리, 오레가노 이파리, 타임나무 이파리가 들어간다는 것을 모른다. 그저 혀끝의 미각에 취해서 제 몸속에 월계수 숲, 오레가노 들판, 타임나무가 자란다는 것을 사람들은 모른다. 그 나무숲의 향기가 얼마나 그윽하다는 것을 모르며 제 몸이 향기 가득한 숲이 된다는 것을 사람들은 모르고 그저 혀끝의 미각에 취해 파스타 맛이겠지 할 뿐이다"

내 상상력은 여기에서 그치지 않고 햇빛이 눈부신 어느 정원에서 월계수 이파리와 오레가노 이파리와 타임나무 이파리를 채취하는 자신의 모습을 상상하게 됩니다. 때론 상상이 지나쳐서 불 위에 올려놓은 음식을 태울 때도 있지만, 상상의 기쁨은 나를 후덥지근한 주방에 붙들어 놓습니다.

우리는 성경 창세기의 천지창조로부터 요한계시록의 예언까지 상상력을 통해 그 세계를 짐작합니다. 천국의 아름다움과 지옥의 고통도 상상력에 의지합니다. 상상력이 풍부한 사람은 훨씬 더 입체적으로 성경을 이해하게 됩니다.

워낭소리

일전에 지순길 장로님께서 장미를 심어주러 오셨습니다. 내년 이 맘때에는 붉은 넝쿨장미가 담을 타고 넘어오는 상상만으로도 기뻤습니다.

장로님은 일을 야무지게 잘하시지만 언제나 말씀이 고소했습니다. 그는 100마지기 농사 이야기를 하셨는데 "고맙게도 소가 농사일을 잘해주고 새끼를 낳아줘서 매년 다섯 마지기씩 땅이 불어났어요"라고 하신 말씀이 무척 인상적이었습니다.

장로님은 자신의 노력을 내세우는 것이 아니라 소가 일을 잘해서 땅이 불어났다고 말을 하였습니다.

나는 그분의 말에서 고운 심성을 느끼면서 문득 오래전에 상영된 다큐멘터리 영화 〈워낭소리〉의 주인공 최원균 할아버지네 소가 생각났습니다. 할아버지는 몇 년 전에 돌아가셔서 40년 동안 그와 함께 살다 죽은 소 곁에 묻혔습니다.

인류 역사상 소처럼 인간과 친숙한 동물은 없을 것입니다. 농경사회에서 소는 수레를 끌고, 쟁기를 메고 농사를 도왔습니다만 산업혁명 이후 기계가 그 일을 대신하고 있습니다. 이제 소는 단지 식용으로 집단 사육될 뿐 우리 곁에서 사라졌습니다. 소의 워낭소리를 들을 수 없는 들판에서 자란 곡식은, 낱알마다 소의 콧김이 서린 생명의 의미가 있는 곡식은 아닙니다.

느림의 철학이 삶으로 연결되던 넉넉함이 있던 소달구지의 시골길은 사라지고 잘 닦인 아스팔트길에는 질주하는 자동차들로 인간의 삶을 숨 막히게 몰아가고 있습니다. 이제 우리 아이들은 소를 식탁 위에서 입맛으로 만나게 되었습니다.

이런 현실은 인간의 삶이 점점 생명들과 멀어지고 있다는 서글픈 생각이 듭니다.

소에 관한 많은 격언과 고사성어가 사라질 판인데 장로님의 소 이야기에서는 워낭소리가 났습니다. 소를 앞세우고 밭을 일구는 장로님의 100마지기 논밭이 보였습니다. 그 들판에 청년 지순길과 송아지를 달고 다니는 누런 어미 소가 보였습니다.

매화나무 아래서의 기도

말기 암으로 투병하고 있는 누이동생이 치유집회에 참석하려고 대전에 내려왔습니다. 헬쑥해진 누이의 얼굴을 보니 반가움보다 안쓰러운 마음이 들었습니다. 집회가 열리고 있는 교회당은 전국에서 몰려온 환자들로 가득했습니다. 강사는 전혀 알아들을 수 없는 방언(?)을 하며 환자들에게 안수를 했습니다. 뒤를 이어 집회에서 병이 나았다는 사람들의 간증이 이어졌습니다.

며칠 전에 무릎관절을 수술했다는 할머니가 절룩거리며 단상 위를 걸어 다녔습니다. 강사는 할렐루야를 외쳤고 스피커를 통해 울리는 찬송 소리가 분위기를 더욱 고조시켰습니다. 간증은 계속되었습니다. 엄마가 열두어 살쯤 되는 아이를 데리고 단상에 올라왔습니다. 하룻밤 사이에 아들의 몸무게가 4킬로 감량되었다고 엄마가 말했습니다. 강사는 아이의 헐렁해진 허리춤을 흔들어 보이며 할렐루야를 외쳤습니다. 허리가 아팠다는 사람, 귀가 잘 안 들렸다는 사람의 간증이 계속되었습니다. 오른편 귀에 총을 쏴서 총알이 반대편 귀를 뚫고 나간

청년의 청각을 치료해 주었다는 강사의 자랑을 나는 귓등으로 들으며 동생의 손을 잡고 교회당을 나왔습니다.

　마치 무당의 굿판에 다녀온 듯 씁쓸한 마음이 들었습니다. 무엇보다 실망했을 누이를 생각하니 가슴이 답답했습니다. 지금 내 누이에게는 지난 삶이 아름다웠다는 감사와 나머지 삶을 의미 있게 보낼 수 있도록 용기와 기도를 해줄 분이 필요합니다. 꽃이 흐드러지게 핀 매화나무 아래서 둘이 사진을 찍었습니다. 꽃잎이 눈발처럼 날렸습니다. 하나님이 허락하신다면 나는 내년 봄에도 이 자리에서 누이와 사진을 찍을 것이라는 생각을 했습니다. 기다렸던 봄은 오고 다시 매화꽃이 피었습니다. 그러나 누이는 일어나지 못하고 숨을 거두었습니다. 매화꽃이 눈물처럼 떨어졌습니다.

살아서 생각하는 부활

'주님이 다시 오시는 날, 죽었던 자들이 홀연히 무덤에서 일어날 것입니다' 이것이 부활에 대한 기독교인의 믿음입니다. 그런데 부활은 죽음 이후의 일이며 전적으로 하나님께서 하실 신비로 가득찬 일입니다. 살아있는 우리는, 살아있는 상태에서 부활에 대한 또 다른 의미를 찾아야 합니다.

아래 시는 영국의 시인 존 도너(John Donne 1573~1631)의 작품,「죽음아, 우쭐거리지 마라(Death, Be Not Proud)」입니다. "죽음이여 너는 무섭지도 강하지도 않다/ 너는 우리를 죽일 수 없다/ 죽음이여, 우쭐거리지 마라/ 죽음은 더 이상 존재하지 않을 것이니/ 죽음이여 네가 죽을 것이다."

나는 이 시를 읽으면서 "사망아 너의 이기는 것이 어디 있느냐, 사망아 너희 쏘는 것이 어디 있느냐. 사망의 쏘는 것은 죄요, 권능은 율법이니라."(고린도전서 15 : 55~56)가 떠올랐습니다.

예수 그리스도의 부활은 죽음을 죽여 버린 사건입니다. 예수님께서 죽음을 죽여 버렸기 때문에 죽음은 더 이상 존재하지 않습니다. 사망의 쏘는 죄를 그분이 대속하셨으며 자유를 억압하던 율법을 그분이 패하셨습니다. 이것을 믿을 때 기쁨의 감격이 있게 됩니다.

그럼으로써 우리 인생은 죽음에 머물러 있던 상태인 예수를 믿기전과 예수로 다시 태어난 후로 대별되며, 그 변화의 순간이 살아있는 우리에게는 바로 부활의 순간이라 하겠습니다. 우리는 매일 매일 부활이 거듭되어야 합니다. 예수님의 심정으로 예수님의 사상을 향해 날마다 새 사람으로 거듭나는 일이야말로 살아있는 우리가 이루어갈 부활의 삶이지 않겠습니까?

3. 사랑 그 끝없는 화해

"만물을 보십시오. 사람이 땅을 사랑하게 되면 흙이 기름
지고 강을 사랑하게 되면 물이 맑아집니다. 하물며 하나
님의 형상대로 지은바 된 감정의 덩어리인 인간이 사랑
앞에서 변하지 않을 수가 없습니다. 우리가 사랑을 한다
면 세상을 변화시킬 수 있는 능력을 갖게 됩니다. 세상을
변화시키지 못한다면 최소한 자기 자신을 변화시킬 수
있습니다."

내가 죽으면 당신도 죽습니다

"내가 죽으면 어머니도 죽는다." 어느 시인의 말입니다. 돌아가신 어머니가 시인의 가슴 속에 그대로 살아있기에 사모(思慕)의 정을 시인은 그렇게 표현했습니다.

시인이 한 말을 빌려 "내가 죽으면 당신도 죽습니다"라고 말할 수 있다면 그 말 속의 '당신'은 행복한 사람입니다. 살아있는 동안은 결코 떠나지 아니하겠다는 사랑의 고백입니다. 비록 '당신'이 세상을 떠난 다해도 가슴에 담고 살아가겠다는 애절함이 담겨 있는 말입니다.

우리를 사랑하는 예수님의 심정이 이와 같았을 것입니다. "세상 끝날까지 너희와 함께 있으리라"(마태복음 28장 20절)는 말씀에서 우리를 향한 그분의 사랑을 느낄 수 있습니다.

그런데 우리는 살아있는 사람을 버리는 일이 많습니다. 금전적 문제로, 성격 문제로, 사상의 다름으로, 무지한 선입견으로, 생각과 견해 차이로 사람을 쉽게 버립니다. 사람을 사랑하기는커녕 가슴에 어떠한 사람도 담아두는 자비함이 없습니다.

사랑하는 여러분! 지금 "내가 죽으면 당신도 죽는다"는 그런 사람을 가지고 있습니까? 죽기 전에는 도저히 잊을 수 없는 그런 사람을 가지고 있습니까? 그런 사람이 있다면 어떠한 보배를 지닌 것보다 귀한 일입니다.

나의 소망은 누군가에게 그런 사람으로 남아 있으면 좋겠습니다. 진짜 죽음은 사람들에게 완전히 잊히는 일입니다. 누군가의 가슴에 남아있다면 죽은 자도 살아있는 것과 다름없습니다.

제 가슴에는 올해로 130세 되신 할머니와 101세 되신 어머니가 살아계십니다. 그분들이 제게 베푼 무한한 사랑이 고스란히 느껴집니다. 그분들은 내가 죽으면 비로소 돌아가실 것입니다.

누가 이웃이겠습니까?

여리고 성으로 내려가던 한 사람이 강도를 만나 반쯤 죽게 되었을 때, 제사장도, 레위인도 그를 못 본체하고 지나갔지만, 선한 사마리아인이 강도 만난 이를 구해준 이야기를 예수님께서 비유로 들면서, "누가 강도를 만난 이의 이웃이 되겠느냐?"고 묻는 내용은 우리에게 잘 알려진 말씀입니다.

전쟁으로 인해 고향과 집을 잃고 떠도는 난민은 사막을 걷다가 죽기도 하고 바다를 떠돌다 죽기도 하는 현실에서 세계의 지도자를 자임하는 미국이나 대부분의 서방 선진국들은 이들 난민에 대해 몰인정한 정책을 펴고 있습니다. 보다 못한 가톨릭 프란치스코 교황이 "난민을 형제로 받아주라"며 세계를 향해 호소를 하고 있습니다.

최근 중동아시아에 있는 예멘에서 내전을 피해 우리나라 제주도에 온 500여 명의 난민들이 구원의 손길을 요청해 왔습니다. 그런데 이

들 난민을 받아서는 안 되며 추방해야 한다고 청와대에 청원을 낸 사람이 무려 30만 명을 넘었다고 합니다. 난민을 받아서는 안 된다고 반대하는 사람의 대부분은 기독교인이라고 합니다. 난민이 이교도인 무슬림이라는 이유에서입니다.

주님은 이때를 위해 선한 사마리아인을 비유로 말씀하신 것은 아닐까요? 우리에게 "너희가 이들 난민을 위해 선한 사마리아인이 되라"는 말씀을 지금 하시고 있는 것은 아닐까요? 선한 사마리아인이 강도를 만난 사람의 종교를 따져서 도와준 것은 아닙니다. 예수님의 사랑이 우리 안에 있다면 이들 난민을 위해 오히려 국가에 구원을 청원하고 또 이들을 돕는 데 앞장서는 것이 마땅할 것입니다.

사랑 없는 예배는 사랑의 하나님을 향한 경배가 아니며, 사랑 없는 기도는 공허한 넋두리일 뿐이며, 사랑 없는 교회는 치장한 건물에 불과할 것입니다. 동방의 예루살렘이라 자부하는 교만을 떨쳐버리고 지금은 예수님의 따뜻한 심장으로 세계를 바라보는 의식이 필요할 때라 생각합니다.

사랑의 성자 멜라콩

내가 어렸을 적에 목포역 옆에는 '멜라콩 다리'가 있었습니다. '멜라콩'은 소아마비 장애의 몸으로 수화물을 나르는 박길수라는 분의 별명입니다. 당시에는 목포역을 감싸고 개천이 흐르고 있었는데 개천 건너편에는 속칭 똥섬이라는 마을이 있었습니다. 이 마을에는 창녀, 넝마주이, 뱃사람 등 소위 불가촉천민 취급을 받는 사람들이 살고 있었습니다. 역과 똥섬을 연결하는 다리가 없었기 때문에 그곳 사람들이 역에 오기 위해서는 개천을 빙 돌아야 하는 불편을 겪어야 했습니다. 그런데도 사회로부터 소외된 이들에게 관심을 두는 사람은 아무도 없었습니다.

한 마디로 똥섬은 그 이름처럼 버림받은 땅이었습니다. 그런데 그들을 위해 다리는 놓아 준 사람은 그 지역 국회의원도, 시장도, 기관장도, 지역 유지도, 교회도, 사찰도 아닌 몸조차 가누기가 힘든 1급 소아마비 장애의 몸으로 역에서 수화물을 나르던 멜라콩이었습니다. 그는 자신이 어렵게 모았던 재산을 몽땅 털어 똥섬에 사는 사람들을 위해 다리를 놓아 주었습니다. 그는 사람들이 놀림으로 불렀던 자신의 별명을 따서 다리 이름을 '멜라콩 다리'라고 명명했습니다.

내가 확신하건대 그분이 예수였습니다. 교회에도 성당에도 없던 예수는 역에서 짐을 나르며 버림받은 똥섬 사람들의 이웃이 되고 있었습니다. 예수는 성화에서 보던 것처럼 잘 생기고 건강한 모습이 아니라 일그러지고 뒤틀린 모습으로 많은 사람들로부터 질시를 받으면서도 사랑을 실천한 그런 분이셨습니다. 그는 "주 앞에서 자라나는 연한 순 같고 마른 땅에서 나온 줄기 같아서 고운 모양도 없고 풍채도 없으신" 분으로 사랑을 몸소 실천하셨습니다.

우리가 가 봐야 하는 성지는 예루살렘이 아니라 목포역 후미진 곳에 지금은 표지석만 남아있는 '멜라콩 다리'입니다. 멜라콩 예수! 그분은 이미 세상을 떠나셨겠지만 '멜라콩 다리'가 있던 그곳에서 "서로 사랑하라"는 예수님의 말씀을 묵상해 보면 어떨는지요.

우리 속의 성자

"사람은 밥심으로 산다." 밥상을 차리시며 어머니께서 자주 하시던 말씀입니다. 그분의 말씀처럼 밥은 힘과 생명유지의 원천입니다. 우리교회 지순길 장로님께서 한해 내내 농사지은 쌀을 가난한 사람들에게 주라며 내어놓으신 것을 보면서 장로님 역시 "사람은 밥심으로 산다"는 같은 마음을 가지신 분이라 생각했습니다.

가난한 사람을 위해 돈을 내어놓은 사람은 많습니다만 피땀으로 농사지어 거둔 쌀을 내어놓는 사람은 찾아보기 쉽지 않습니다. 장로님의 행동에서 "형제나 자매가 헐벗고 일용할 양식이 없는데 너희 중에 누구든지 그에게 이르되 평안히 가라, 더웁게 하라, 배부르게 하라 하며 그 몸에 쓸 것을 주지 아니하면 무슨 이익이 있으리오. 이처럼 행함이 없는 믿음은 그 자체가 죽은 것이라"(야고보서 2:16~17)는 말씀을 생각하게 됩니다. 장로님의 들어내지 않은 은밀한 선행이 '행함의 산 믿음'으로 우리에게 깊은 감동을 줍니다.

일전에 장로님의 설교를 듣고 나는 큰 감동을 받았습니다. 사람들은 자신의 학식과 사회적 위치를 내세우며 자신을 드높이려 하는데 자신의 '머슴살이'와 예수님을 만난 이야기를 담담하게 하시는 장로님의 모습을 보면서 나는 이분이 보통 분이 아니라 아주 고귀한 분이라는 확신이 들었습니다.

장로님을 보면서 하나님께서는 "교만한 자들을 흩으시고 비천한 자를 높이신다."(눅 1: 51)는 성경 말씀이 떠올랐습니다. 나는 평생토록 이토록 겸손한 분을 보지 못했습니다. 교회나 사회로부터 귀감이 되시는 분으로 존경받아야 마땅한 분이십니다.

슈바이처나 테레사 같은 분만 성자가 아니라 우리 속에 계신 지순길 장로님이 성자이며 우리가 본받아야 할 예수님의 제자입니다. 나는 장로님과 가까이 있는 것으로 기쁨과 큰 감사를 갖습니다.

이웃과 형제

　얼마 전, 판문점 도보다리를 나란히 걸으며 대화를 나누는 남북의 지도자 모습은 정상 간 대화라기보다는 마치 형제처럼 다정하게 보였습니다. 이들이 헤어질 때 포옹하는 모습 역시 영락없는 형제의 모습이었습니다. 형제지간에서도 사랑하는 형제간의 모습이었습니다. 비록 그것이 정치적 함의가 있는 연출이었다 해도 남북의 모든 국민에게 감동을 주기에 충분했습니다.

　그에 반해 미국의 트럼프 대통령과 대한민국 문제인 대통령의 만남이나 중국의 시진핑 주석과 북한의 김정은 위원장의 만남에서는 확연히 남남 간의 회동이라는 느낌이 들었습니다. 우방이다 혈맹이다 하는 수사를 동원하여도 이웃일 뿐 한 핏줄은 아니라는 느낌이 들었습니다.

　남북 정상이 만나는 모습만을 보고 있으면 서로 간에 어떤 적대관계도 없어 보였습니다. 그런데도 남과 북은 반세기가 넘게 서로 저주에 가까울 정도로 증오하는 관계로 살아온 것이 사실입니다. 민족의 화해를 이야기하면 남쪽에서는 좌익분자로, 북쪽에서는 반동분자로 찍혀 고초를 겪는 일이 허다했습니다. 남쪽에서는 북쪽을 미워해야 애국하는 것으로 여겨졌으며 북쪽 역시 남쪽을 미워해야 사상이 투철한 것으로 여겨졌습니다.

이 땅의 모든 교육은 상호 체제를 인정하지 않고 서로를 증오하게 하였습니다. 극우적인 종교 지도자들은 북쪽을 사탄의 소굴인 것처럼 말하는데 서슴지 않았습니다. 남북은 서로 마음을 합해 하나가 되는 것보다는 이웃 나라와 손잡고 형제 나라를 멸망시킬 생각만을 했습니다.

형제가 형제로 보여야 하는데 형제가 철천지대원수처럼 보였다는 것이 슬픔이라면 이제는 그 슬픔을 치유하기 위한 민족적 각성과 성찰이 일어나야 합니다. 그 일에 교회가 앞장을 선다면 한국교회는 기독교 교회사를 새로 쓰게 되는 새로운 계기가 될 것입니다. "예물을 제단에 드리다가 거기서 네 형제에게 원망 들을 만한 일이 있는 줄 생각나거든 예물을 제단 앞에 두고 먼저 가서 형제와 화목하고 그 후에 와서 예물을 드리라"(마태복음5:23~24)라는 성경 말씀이 남북의 화해와 평화를 이룩하는데 교훈이 되기를 소망합니다.

용서를 구하십시오

내가 남에게 용서를 받는 것은 내가 남을 용서하는 것 보다 중요합니다. 내가 남을 용서하는 것은 언제든지 가능하지만 내가 남에게 용서를 받을 기회는 많지가 않습니다. 꼭 용서를 받아야 하는데 나를 용서해줄 상대가 이미 세상을 떠났거나 연락할 길이 전혀 없거나 할 때그 일은 영영 가슴에서 지울 수는 괴로움으로 남게 됩니다.

그럼으로써 세말(歲末)에 누군가에게 용서받아야 할 일이 있거든 지체하지 말고 용서를 구하십시오. 용서하는 일과 용서받는 일은 그리스도가 주신 은혜입니다.

죄는 용서라는 사랑이 있기에 바울 사도는 죄가 더한 곳에 은혜가 더욱 넘친다(로마서5:12절~21)고 말씀하셨습니다.

그런데 우리가 용서를 구해야 하는 일에 주저하는 이유는 용서를 받지 못할 것이라는 두려움과 자신이 고개를 숙이고 들어간다는 쓸데

없는 자존심 때문입니다.

걱정하지 마십시오. 죄로 인해 마땅히 죽을 우리를 하나님께서는 용서를 하셨는데 그리스도 안에서 형제인 우리가 무슨 일인들 용서해 주지 않겠습니까?

성경은 "예물을 제단에 드리다가 거기서 네 형제에게 원망 들을만한 일이 있는 줄 생각나거든 예물을 제단 앞에 두고 먼저 가서 형제와 화목하고 그 후에 와서 예물을 드리라"(마태복음5:23~24)라고 말씀하고 있습니다. 먼저 용서가 이루어진 후에 예배를 드려야 함을 가르쳐주고 있습니다.

믿음이 부족한 우리는 불식 간에 비방하고 수군수군하며 우매하고 무정하여 남에게 상처를 주기가 쉽습니다. 용서를 구하지 않는 기도와 예배가 허탄한 종교의식에 불과하다는 것을 안다면 더는 주저하지 마십시오.

주님으로부터 은혜받은 자가 형제에게 은혜를 더합니다. 용서를 통해 모든 축복에 응답받는 여러분이 되시기를 기원합니다.

서로 사랑합시다

새해 첫 주일 우리교회 목사님 설교가 요한1서 4장에 있는 말씀을 중심으로 한 사랑에 관한 내용이었습니다. 나는 설교를 들으면서 올 한해 목표가 "서로 사랑합시다"이었으면 좋겠다는 생각이 들었습니다.

나는 성경 말씀 중에 요한1서 4장과 고린도전서 13장을 가장 좋아합니다. 이 말씀처럼 아름다운 내용이 없습니다.

만물을 보십시오. 사람이 땅을 사랑하게 되면 흙이 기름지고 강을 사랑하게 되면 물이 맑아집니다. 하물며 하나님의 형상대로 지은바 된 감정의 덩어리인 인간이 사랑 앞에서 변하지 않을 수가 없습니다.

우리가 사랑한다면 세상을 변화시킬 수 있는 능력을 갖게 됩니다. 세상을 변화시키지 못한다면 최소한 자기 자신을 변화시킬 수 있습니다.

그런데 많은 사람들이 사랑에 대해 오해하는 부분이 있습니다. 바로 누군가 자신을 사랑해 주기를 바라는 것이지요. 교회가, 목회자가,

교회 직분자가 자신을 사랑해 주기를 원하는 경우가 많습니다. 대단히 이기적이지요. 사랑은 받는 것이 아니라 주는 것입니다. 사랑의 본성은 이타적인 것입니다.

하나님을 믿는다는 것은 사랑이신 하나님을 내 속에 받아들여 내자신이 사랑이 되는 것을 의미합니다. 만약 남의 허물이 보인다면 내속에 사랑이 없다는 증거입니다.

사랑하기 위해 기도하는 교회, 사랑하기 위해 봉사하는 교회, 사랑으로 섬기는 교회가 된다면 얼마나 아름다운 교회가 되겠습니까?

성경은 이렇게 말씀하고 있습니다. "사람의 방언과 천사의 말을 할지라도 사랑이 없으면 소리 나는 구리와 울리는 꽹과리가 되고 예언하는 능이 있어 모든 비밀과 지식을 알고 산을 옮길 만한 믿음이 있을지라도 사랑이 없으면 아무것도 아니다"(고린도전서13:1~2). 우리교회가 한 해 내내 사랑을 고백하는 은혜로운 교회가 되었으면 좋겠습니다.

사랑의 고백

고백에는 진심이 담겨 있기에 아름답습니다. 많은 고백 가운데 가장 뜨겁고 절실한 고백은 사랑의 고백일 것입니다. 많은 밤을 지새며 설렘 끝에 던지는 한마디, 사랑의 고백은 바위같이 단단한 상대방의 마음을 녹이기에 충분합니다.

고백 중에 으뜸은 하나님이 인류에게 향한 사랑의 고백입니다. 그 고백은 공허한 말이 아니라 행동으로 확증하신 것인데 곧 당신의 독생자를 세상에 보내어 인류를 구원하신 사랑의 고백입니다.

"하나님이 세상을 이처럼 사랑하사 독생자를 주셨으니 이는 저를 믿는 자마다 멸망치 않고 영생을 얻게 하심이라"(요한복음 3장 16절)는 성경 말씀이 이를 잘 말해주고 있습니다.

그러기에 성탄은 하나님께서 우리를 향한 사랑의 고백을 생각하는 날이 되어야 합니다. 바로 그 사랑의 고백이 우리에게 기쁨이 되는 것입니다.

오늘날 오염된 성탄절은 먹고, 마시고, 놀며, 즐기며, 갖가지 행사에 치중합니다. 예수 없는 성탄, 예수 없는 교회의 모습에서 하나님의 고백은 공허하기만 합니다. 캐럴송이 울리는 거리와 상점은 불야성을 이루고 기독교인들마저 그 마음에 누추한 말구유를 버리고 황금색의 말구유를 꿈꾸고 있습니다.

진심으로 사랑했기에 고백한 사랑이 외면당했을 때 느끼는 실연의 아픔은 오랫동안 상처가 됩니다. 하물며 세속화된 성탄절을 바라보시는 하나님의 마음은 어떠할까요. 혹시 하나님의 마음이 "땅 위에 사람 지으셨음을 한탄하시고 마음에 근심하시는"(창세기6:6)것은 아니신지 걱정이 되기도 합니다.

성탄의 참뜻을 실천하는 우리교회가 사랑스럽습니다. 선한 눈빛의 모든 교우를 사랑합니다. 메리 크리스마스!

버마재비 사랑

지난주 우리교회 목사님 설교 중에 "죽을 만치 사랑하는 사람이 있던지, 죽을 만치 사랑하는 일이 있든지 하는 사람이 행복한 사람이다"는 말씀이 인상적이었습니다.

나는 문득 버마재비 한 쌍이 사랑을 나눈 뒤에 기꺼이 암컷 버마재비의 먹이가 되어주는 숫컷 버마재비를 생각했습니다. 소리도 없이, 반항도 없이, 주저함 마저 없이 암컷 버마재비에게 자신을 고스란히 먹잇감으로 내어주는 숫컷 버마재비를 보면서 나는 그들의 세계를 알 수 없지만 얼마나 사랑이 깊으면 저럴 수 있을까를 생각했습니다.

사람들은 내가 누군가를 죽도록 사랑하는 것보다는 누군가 나를 죽도록 사랑하기를 바랍니다. 이타적인 것보다는 지독히 이기적이지요. 오래전에 있었던 일입니다. 고교 남녀학생이 동물원을 찾았습니다. 여학생이 남학생에게 말했습니다. '정말 나를 사랑하면 호랑이 우리에 들어가 보라'고 했습니다. 남학생은 서슴지 않고 사육장 울타리를 넘어 호랑이 우리로 들어갔습니다. 그는 호랑이에게 물려 큰 상처를 입었으나 구사일생으로 구출되었습니다. 치료를 맡은 대학병원은 이를 가상히 여겨 무료로 치료해 주었다는 이야기가 신문에 실린 적이 있습니다.

죽을 만큼 사랑하는 것은 무모하게 보입니다. 하나님의 인간 사랑이 그렇습니다. 성경은 "우리가 죄인 되었을 때 그리스도께서 우리를 위하여 죽으심으로 하나님께서 우리에게 대한 자기의 사랑을 확증하셨다"(로마서 5:8)고 하였습니다.

예수님이야 말로 죽을 만치 우리를 사랑하신 것입니다. 그분은 "다 이루었다"고 고백하며 운명하셨습니다.

인간구원을 위한 십자가는 그가 죽을 만치 사랑한 일이기도 했습니다. 그러고 보면 예수님은 행복한 분입니다.

버마재비처럼 대가 없이 상대에게 자기 자신을 내어주는 사랑이 인간세상에서 실현된 적은 인류역사상 예수님의 십자가가 아니고는 찾아볼 수가 없습니다.

사랑의 본성

꽃게가 간장 속에
반쯤 몸을 담그고 엎드려 있다
등판에 간장이 울컥울컥 쏟아질 때
꽃게는 뱃속의 알을 껴안으려고
꿈틀거리다가 더 낮게
더 바닥 쪽으로 웅크렸으리라
버둥거렸으리라 버둥거리다가
어찌할 수 없어서
살 속으로 스며드는 것을
한때의 어스름을
꽃게는 천천히 받아들었으리라
껍질이 먹먹해지기 전에
가만히 알들에게 말했으리라

저녁이야

불 끄고 잘 시간이야.

위 시는 「스며드는 것」이라는 안도현 시인의 시입니다. 나는 이 시를 읽으며 사랑의 본성에 관해 생각했습니다.

알을 잔뜩 품은 꽃게가 간장에 잠기면서 알을 껴안고 더 낮은 바닥 쪽으로 웅크리는 모습에서 지고지순한 사랑의 본성을 발견하게 되었습니다. 하나님께서 우리에게 향한 사랑이 아가페적인 사랑이라고 알고 있지만, 그 사랑이 얼마나 뜨겁고 진지한 것인가는 나로서는 가늠할 길이 없던 터에 이 시를 읽으면서 엉뚱하게도 "하나님은 사랑이시라"(요한일서 4:16)는 말씀이 깨달아졌습니다. 하나님의 본능적 사랑이 언제나 우리를 껴안고 고통 속에 머물고 계시다는 생각이 들었습니다.

우리를 향한 하나님의 사랑은 우리보다 더 슬프고, 우리보다 더 괴롭고, 우리보다 더 힘드실 것입니다. 그분은 우리가 고하기 전에 우리 자신보다 우리를 더 잘 알고 계십니다. 그분은 사랑을 늘 은혜로 채워주십니다. 우리가 처한 고난에서 진리를 깨닫게 하시며 배고플 때 자비의 마음을 갖도록 하십니다. 우리가 외로울 때 따뜻함의 소중함을 가르치시며 분노할 때 너그러움을 통해 평안을 얻도록 하십니다. 때론 우리가 하나님을 원망하여도 그분의 본성은 무한히 우리를 사랑하고 계십니다. 인간의 모성을 하나님의 사랑에 비유하는 것도 조건이 없는 사랑이기 때문입니다. 그 모습은 마치 장대비가 오는 마당에서 암탉이 병아리들을 자신의 날개 속에 보호하는 것과도 흡사합니다.

첫사랑과 짝사랑

사랑이라는 단어처럼 아름답고 강한 말은 없습니다. 사랑은 모든 노래의 연인이며 시의 어머니라고 할 수 있습니다. 예수님의 십자가 죽음을 보면 죽음보다 강한 것이 사랑임을 알 수가 있습니다.

첫사랑은 가슴을 설레게 하며 짝사랑은 가슴을 아프게 만듭니다. 그런데 첫사랑과 짝사랑은 매우 닮은 데가 있습니다. 진실한 점과 애닲은 점이 닮았습니다. 진정성으로 본다면 세상의 모든 사랑은 첫사랑이자 짝사랑이라 할 수 있겠습니다.

어느 손가락을 깨물어도 안 아픈 손가락 없다는 어머니들의 자식 사랑은 자식 하나하나가 모두 어머니의 첫사랑입니다. 그렇게 키운 자식이 어머니의 마음을 헤아리지 못할 때 어머니의 자식 사랑은 짝사랑이라 할 수 있습니다.

우리를 향한 하나님 사랑이 이와 같습니다. 당신의 모습으로 만드시고 당신이 좋아하셨던 첫사랑의 대상이 우리입니다. 우리는 타락하였고 하나님을 떠났었지만, 그분은 우리를 끝까지 버리지 않으시고 사랑하셨습니다. 바로 그분의 짝사랑의 대상이 우리입니다.

첫사랑은 이름만 가만히 불러 봐도 가슴이 설렙니다. 우리의 이름을 부르고 있는 하나님의 가슴도 설렐 것입니다. 짝사랑은 생각만 해도 눈물이 납니다. 하나님도 우리를 생각하며 눈물을 흘리십니다. 우리가 하나님의 첫사랑이며 그분의 짝사랑의 대상일진대 우리도 그분을 사랑하여야 하는데 사랑의 방법이 무엇일까요?

이 세상에 하나님을 본 사람은 하나도 없습니다. 그러나 우리가 만일 서로 사랑한다면 하나님은 우리의 가슴 속에 머물고 있는 것입니다. 예수님께선 우리에게 "서로 사랑하라"고 말씀하셨습니다. 우리 속에 사랑이 없으면 하나님을 볼 수가 없으며 생명 또한 없습니다.

사랑하는 여러분! 어느 시인이 갓 태어난 아이의 손가락을 보면서 이런 생각을 했습니다. "아기의 손가락이 열 개인 것은 어머니 뱃속에서 몇 달 은혜 입었나 기억하려는 태아의 노력" 이라고 했습니다. 우리는 하나님께 몇 년을 은혜 입었을까요? 그 은혜를 기억하려고 어떠한 노력을 하였을까요? 우리의 노력이 부족해도 우리들은 여전히 그분의 첫사랑의 대상이며 짝사랑의 대상입니다.

안 보이면 그리워하십시오

아들이 군에 입대하기 위해 집을 떠나는 날, 기차역까지 배웅을 나
갔습니다. 잠시의 이별이었지만 안타까웠습니다. 프렛 폼에서 나는
시계를 풀어 아들의 손목에 채워주며 그가 아비를 잊지 않기를 바랐습
니다. 아들도 같은 마음이었던지 제 삐삐를 내게 건네주었습니다. 아
들을 태우고 떠나는 기차의 꽁무니가 안 보일 때까지 나는 손을 흔들
었습니다. 그날부터 아들이 그리우면 주머니 속에 있는 아들의 삐삐
를 만지작거리는 버릇이 생겼습니다. 삐삐를 싼 가죽 케이스가 다 닳
아질 정도로 삐삐를 만지작거리며 아들을 그리워했습니다.

사람들은 사랑하는 사람과 잠시의 이별이라도 안타까워하며 슬퍼합
니다. 그런데 이별은 이별에서 끝나는 것이 아니고 그리움이라는 열
매를 선물합니다. 이별이 없이는 그리움 또한 없습니다. 그리움이야
말로 상대를 가슴 깊이 담아두기에 이별은 이별이 아니게 됩니다.
만해 한용운은 '님의 침묵'에서 "이별은 쓸데없는 눈물의 원천을 만

들고 마는 것은 스스로 사랑을 깨치는 것인 줄 아는 까닭에, 걷잡을 수 없는 슬픔의 힘을 옮겨서 새 희망의 정수박이에 들어부었습니다" 라고 노래하고 있습니다.

나는 손자와 둘이서 잠시 일본열도를 여행하려고 합니다. 여행기간 동안 할아버지의 자리에서 내려와 손자의 벗으로, 인생의 선배로서 그와 많은 대화를 나누려고 합니다. 하나님과 예수님에 관해, 인생에 관한 그의 고민을 함께 나누는 시간여행을 하려고 합니다. 손자의 기억 속에 할아버지와의 이번 여행이 두고두고 추억으로 남았으면 좋겠습니다.

더불어 욕심이 있다면 오늘 제가 교회에서 보이지 않을 때 목사님이, 장로님들이, 권사님들이, 집사님들이 저를 그리워해 주었으면 좋겠습니다. 저도 여러분을 그리워하겠습니다.

겨울새

얼어있는 호수
새들 발 시리다

화려한 서울
캐럴송 울리는 지하도에 발 벗은 겨울새 보며

그대 울고 있는가

시린 발로도 걸어갈 곳이 없는
떨고 있는 젖은 깃털을 보며

그대 울 수 있는 가슴 남았는가

잠든 발치에 나뒹구는 빈 소주병
누가 술 취하지 말라고 말하는가

얼어있는 땅

날개 없는 새들 발 시리다

– 김상현, 「겨울새」 전문

나는 서울역 지하도 차가운 바닥에서 잠이 든 노숙자가 마치 추위에 떨고 있는 겨울새처럼 측은하게 느껴졌습니다. 거리의 불빛은 화려하고 선물을 파는 지하도 매장마다 캐럴송이 울리는 들뜬 성탄절 분위기와는 대조적으로 차가운 지하도에서 새우잠이 든 노숙자를 보면서 우리에게 아직 저들을 위해 울 수 있는 가슴이 남았는가? 하는 성찰을 하게 됩니다.

예수님이 이 시대에 오셨다면 우리를 찾지 않고 바로 노숙자의 친구가 되어 주셨을 것입니다. 말구유에 누인 존귀하신 예수를 생각하면 그분이 태어나자마자 맡았던 말똥 냄새, 그때부터 그는 지독히 냄새나는 나를 사랑하셨다고 믿습니다.

성탄절이 우리들만의 잔치가 아닌, 그늘에 있는 수많은 겨울새를 위해 울 수 있는 따뜻한 가슴을 지닌 사람으로, 또 가난하고 지치고 병들고 힘든 이웃들과 성탄의 기쁨을 나눌 수 있다면 "서로 사랑하라"는 소명을 이루는 예수의 참 제자가 될 것입니다.

밥도둑 이야기

　배곯이 하던 가난한 시절에는 밥도둑이 많았습니다. 그런 밥도둑을 위해 어머니는 가마솥에 밥 한 그릇을 고봉으로 담아 넣어 두었습니다. 밥도둑은 그 밥이 자기를 위한 것이라는 것을 곧 알아차렸습니다. 그 다음 날에도 그 다음 날에도 가마솥에는 여전히 밥 한 그릇이 들어있었으니까요. 어느 날 밥도둑은 고마움의 표시로 아궁이 옆에다 나뭇단 한 짐을 부려놓고 갔답니다. 그 뒤로는 한 번도 밥도둑은 오지 않는데 아침마다 가마솥에 그대로 남아 있는 밥그릇을 보며 어머니는 "어디에 가서 굶어 죽지나 않았는지" 하고 눈물을 글썽이곤 하셨습니다.

　밥을 하면서 문득 밥도둑 생각이 났습니다. 밥도둑의 굶주림을 걱정하시던 어머니의 마음, 가마솥에 넣어 둔 밥을 먹고 고마움으로 나뭇단을 놓고 간 밥도둑의 마음을 생각했습니다. 이젠 어머니도 밥도둑도 이 세상 사람이 아닙니다만 이 기억은 영화의 한 장면처럼 뇌리에 아름답게 남아있습니다.

　김지하 시인의 『밥』이라는 책이 있습니다. 이 책에는 김지하의 사상이 잘 드러나 있는데 밥이야말로 생명을 유지하는 신성한 것이며 밥을 빼앗는 행위는 곧 생명을 찬탈하는 죄악이며 그런 자를 악마라고 했습니다. 이 말 속에는 자본주와 노동자, 권력자와 백성에 관한 윤리적 음성이 담겨 있습니다.

　밥을 하면서 나는 지금 생명의 밥을 짓고 있는가 반성해 봅니다. 끼니 걱정을 해야 했던 가난한 시절, 배가 고파서 밥을 훔쳐 먹은 밥도둑에게 사랑을 베푼 어머니의 마음이나 감사를 잊지 않은 밥도둑의 마음을 생각하면서 언제나 밥은 따뜻해야 한다는 믿음을 새롭게 가져봅니다.

책갈피

어머니는 내 시집을 읽고 또 읽으면서 깨소금처럼 고솝다고 하십니다. 책을 다 읽고 덮으면서 내 시집이 마치 깻단 같다고 하십니다. 시집에 뿌려진 활자들이 참깨알갱이 같다고 하십니다.

어머니는 내 시집을 창가(唱歌)를 부르듯이 곡을 붙여서 읽으십니다. 어머니가 읽다가 덮어 둔, 내 시집에는 눈물 자국이 있습니다. 왜 우셨냐고 물으면 눈이 시려서 그런 것이라며 대답을 책갈피로 끼워 넣으십니다.

내가 시인인 것을 어머니만은 자랑스럽게 여깁니다. 내가 감나무를 바라다보면 시가 나올 거라며 마당가에 홍시도 따지 않으십니다. 그렇게 좋아하시는 홍시보다 내 시가 좋은가 봅니다.

내가 화분에 물만 주어도 시인이라서 꽃을 사랑하는 것이라며 동네 노인정 같은 곳엘 나가시면 자랑을 하십니다. 내가 시집을 펴내면 따끈따끈할 때 제일 먼저 어머니께 드리는 이유도 그 분과 같은 독자가 없기 때문입니다.

아마도 모래알처럼 서걱거리는 내 시가 어머니의 마음속에서는 꽃으로 발화되는가 봅니다.

다시 봄입니다. 강가에는 연초록의 잎새들이 몸치장을 합니다. 나는 창가에 앉아 앞산에 핀 버찌나무 흰 꽃을 봅니다. 어머니가 계셨다면 그분은 틀림없이 내 시가 어떤 잎새보다 싱싱하고 어떤 꽃보다 아름답다고 하셨을 것입니다.

하늘이 맑아서 깊거나, 때때로 구름 한 점 떠 있거나, 나뭇잎 단풍 들거나, 그 잎새 져서 골목길을 나뒹굴거나 해도 아들이 시를 쓰기에 딱 좋은 날이라고 생각하시던 어머니, 지금 하늘에 계십니다. 그러기에 어머니가 안 계신 모든 계절은 내게 쓸쓸하기만 합니다.

하나님의 아픔

나는 누구인가? 하는 철학적 물음 다음으로 하나님은 누구인가? 하는 신학적 물음이 지성사회 사람들이 던지는 보편적 물음입니다. 그런데 나는 구약을 읽을 때마다 하나님에 대한 의문을 갖게 됩니다. 인간을 향해 진노하는 하나님, 자주 격노하는 하나님, 끝까지 복수하는 하나님, 무자비한 하나님, 이스라엘을 편애하는 하나님, 인간을 시험해 보는 불신의 하나님, 전쟁을 주관하는 하나님 등이 신약에서 예수님께서 말씀하신 사랑의 하나님과는 다르기 때문입니다. 신구약을 사이에 두고 두 개의 하나님이 충돌하는 것이 부담스러웠던지 어느 기독교 신학자는 구약의 무용론을 주장하기도 합니다.

나는 최근에 선물 받은 『하나님의 아픔의 신학』(기타모리 가조 지음)이라는 책을 읽으면서 해답을 얻었습니다. 책의 서두에 있는 "하나님의 아픔은 하나님의 진노의 대상을 사랑하시려는 하나님의 마음이다."라고 하는 글입니다. 루터는 골고다에서 "하나님이 하나님과 싸웠다"는 말로 죄를 향한 하나님의 진노와 인간을 향한 하나님의 사랑이 충돌하는 아픔을 말하고 있습니다. 이 하나님의 아픔이 곧 인간을 향한 사랑이라는 것입니다.

그러고 보니 이제까지 우리는 '아픔이 없는 하나님'만을 배워왔습니다. 전지전능하신 하나님, 부요케 하시는 하나님, 만병을 치료하시는 하나님, 원수를 물리쳐주시는 하나님, 복을 넘치도록 부어주시는 하나님 등 하나님의 눈물, 하나님의 아픔을 전혀 모르고 있었습니다.

나는 인간을 용서하기 위해 절대 선(善)인 자신의 본성을 십자가에 매단 하나님의 아픔을 이해함으로써 신구약의 하나님이 같은 하나님이라는 믿음을 갖게 되었습니다. 책을 읽다가 문득 괴테의 시 프로메테우스의 한 대목 "나 여기 앉아 인간을 만들어 낸다/ 내 모습을 따라/ 괴로워하고, 울고/ 흐뭇해 하고, 즐거워하고/ 그리고 당신을 존경하지 않는/ 나를 닮은 종족을"이란 글을 떠올렸습니다. 하나님을 알아간다는 것은 즐거움임에 틀림이 없습니다.

주여, 내 잔을 찾나이다

주여, 저는 작은 고난에도 두려워했나이다. 당신께서도 십자가를 지실 고난을 두고 두려움과 근심 속에서 "이 잔을 내게서 옮기옵소서." 라고 기도하셨던 것처럼 저 역시 고난을 옮겨주시기만을 기도했습니다. 그러나 주님의 기도는 "나의 원대로 마옵시고 아버지의 원대로 하옵소서." 라고 하셨던 믿음을 저는 가지지 못했습니다.

믿음 없는 저는 차마 고난 속에 숨겨진 아버지의 뜻을 알려고 하지 않았습니다. 고난을 피하려고만 했으며 고난을 피한 것만을 감사했습니다. 이제 원하옵건대 주님께서 피하지 않았던 고난의 잔을 저도 마실 수 있도록 믿음을 주옵소서.

주님께서 잡혀가시던 날 밤, 주님은 당신을 붙잡으러 온 자들을 보며 "아버지께서 주신 잔을 내가 마시지 않겠느냐"며 앞을 막는 베드로를 나무라며 하셨던 믿음이 제게는 없습니다. 아버지께서 주시려는 잔을 외면했던 저를 어여삐 여기시고 삶에 의미 있는 잔을 제게 주옵

164

소서. 비록 주님께서 십자가 위에서 마셨던 신 포도주잔이라 할지라도 아버지가 주신 잔이라면 피하지 않게 하소서.

제가 전쟁 중에 하나님을 의지하여 그 이름을 주야로 부르며 간구하기를 "여호와께서 내게 주신 모든 은혜를 무엇으로 보답할꼬 내가 구원의 잔을 들고 여호와의 이름을 부르며" 기쁨으로 감사하였던 것을 기억하게 하옵소서. 그때 습한 늪지대와 칙칙한 정글 숲 속에서 찾던 구원의 하나님을 다시 기억하게 하옵소서. 사망의 음침한 골짜기에서 저를 지키시는 지팡이가 되신 주께서 제 머리에 기름을 바르셨기에 제 잔이 넘쳐났던 날들을 기억하게 하소서.

물질의 풍요 속에 묻혀 잔을 잃어버린 제게 잔을 찾아주소서. 아버지의 은혜를 담을 잔이 없이는 영혼의 갈증을 해갈할 수가 없사오니 주여, 속히 제 잔을 찾아주소서. 잔이 없이는 모든 기도가 허공에 머무는 소리며 모든 사랑이 말에 그치고 마는 가식임을 제가 아오니 제 잔을 찾아주소서. 천지의 주제이신 주 앞에서 어찌 소리 없이 울 수가 있겠나이까. 소금과 빛과 포도주를 담을 잔을 주시어 백발의 남은 생에 당신의 은혜를 깨닫게 하소서. 아멘

주기도문 바로 하기

예수님께서 우리에게 가르쳐 주신 주기도문 속에는 하나님의 영광과 은혜와 감사 그리고 용서와 화해, 사랑, 간구가 들어 있습니다. 왜 예수님께서 "너희는 이렇게 기도하라"고 말씀하셨을까요. 바로 회당이나 길거리, 광장에서 사람들에게 보이려고 기도하는 외식하는 자들이 많았기 때문입니다. 주님께서는 "너는 기도할 때에 네 골방에 들어가 문을 닫고 은밀한 중에 계신 내 아버지께 기도하라 은밀한 중에 보시는 네 아버지께서 갚으시리라"(마태복음 6장 6절)라고 말씀하고 있습니다.

그런데 예수님께서 가르쳐주신 기도를 우리는 아무 생각 없이 종교적 의식에 필요한 장식처럼 함부로 사용하고 있습니다. 보통은 예배가 끝나는 마무리 순서로 주기도문을 사용하기도 합니다. 이런 행위는 외식하는 자와 하등 다를 바 없습니다. 또한 주기도문을 하는 태도도 문제가 많습니다. 주기도문에 담긴 뜻은 아랑곳없이 숨이 넘어갈

듯 빠르게 외우고 맙니다. 이 대목은 인도자가 깊이 반성해야 할 문제이기도 합니다.

"하늘에 계신 우리 아버지" 이 첫 구절 속에는 우주와 내 속에 가득하신 존귀하신 창조주 하나님과 그분을 아버지라고 부르는 은혜가 경이롭게 느껴져야 합니다.

"아버지의 뜻이 하늘에서와같이 땅에서도 이루어지이다" 난 이 구절에서 온 땅에 편만한 하나님의 기운을 느끼게 됩니다.

"오늘 우리에게 일용할 양식을 주옵시고 저희가 저희에게 잘못한 자를 용서하오니 저희 죄를 용서하여 주시고" 이 구절에서 하루하루 삶에 필요한 모든 것을 허락해 주신 은혜에 대한 감사와 특히 죄 용서를 구할 때 내가 오늘 형제의 잘못을 용서했는가를 되돌아보게 됩니다.

"유혹에 빠지지 말게 하옵시고 악에서 구하소서" 참으로 경건한 삶을 위한 깊은 성찰을 느끼는 대목입니다.

이제부터 주기도문은 한 구절 한 구절 그 의미를 자신에게 적용하면서 아주 천천히 기도해 봅시다. 전혀 다르게 느껴질 것입니다.

기도하기 좋은 곳

울고 싶어도 맘 놓고 울 곳이 없다고 말했더니 시인 한 분이 내게 말했습니다. 울기 좋은 곳을 찾았는데 한 번 가보라고 했습니다. 그가 가르쳐 준 '울기 좋은 곳'은 변산반도 왕포 근처에 있는 버려진 소금창고였습니다. 내가 찾아갔을 때 낡은 판자 사이로 몇 가닥 햇빛이 들어와 있었습니다. 울음보다 문득 병석에 누워계시는 어머니가 생각났습니다. 나는 차를 돌려 서둘러 집으로 돌아왔습니다. 소금꽃 같은 어머니가 환하게 나를 맞아주었습니다.

혹 당신은 기도하고 싶어도 맘 놓고 기도할 곳이 없다는 생각은 안 해 보셨는지요. 내가 발견한 곳은 금요일 밤 우리 교회당이었습니다. 기도할 일이 없으면 굳이 올 필요는 없겠습니다만 기도할 일이 있다면 우리 교회당은 '기도하기 좋은 곳'임에는 틀림이 없습니다.

나는 원래 기도를 조리 있게 못 하지만 내 앞에 담이 턱 가로막고 있어서 나는 기도시간 내내 "아버지!" "주님!"만을 부르다 돌아오곤 합니다. 심중을 아시는 주께서 마음을 받으셨으리라 믿기 때문에 "아버지! 주님!"을 부르면서도 그 은혜에 나는 만족합니다.

나는 압니다. 기도를 가로막고 있는 담이 미움과 실망과 노여움으로 내가 쌓아놓은 것이라는 것을 잘 알고 있습니다. 그 담은 용서와 사랑과 관용으로만 허물 수 있다는 것도 알고 있습니다. 그러기에 나의 기도는 용서할 수 있는 마음, 사랑할 수 있는 마음을 구하는 기도입니다. 결국 기도의 응답은 내가 변하는 것입니다. 소금꽃 같은 어머니가 나를 환하게 맞아 주었듯 내가 가족과 이웃을 환하게 맞아드릴 수 있는 변화가 언젠가는 이루어질 것입니다. 남을 용서하는 것도 자신을 용서하는 것도 모두가 기도의 능력입니다.

다시 울기 좋은 곳에 관해 생각해 봅니다. 당신이 울기 좋은 곳은 외딴곳에 있는 소금창고가 아니라 지척에 있는 주님의 가슴입니다.

자비로운 아침

사랑하는 사람을 다시 만날 수 있겠다

슬프도록 아름다운 눈망울을 다시 볼 수 있겠다

그런 후엔 눈이 시리도록 하늘을 봐야겠다

그런 후엔 군중 속에 뛰어들어가 강물처럼 흘러가야겠다

그런 후에…
그런 후에…

내가 이런 생각을 할 수 있게 살아있는
자비로운 아침.

– 김상현, 「자비로운 아침」 전문

맞이하는 아침은 늘 경이롭습니다. "여호와여 아침에 주께서 나의 소리를 들으시리니 아침에 내가 주께 기도하고 바라리이다."(시편5:3)는 말씀을 따라 다시 하루를 주신 하나님께 감사의 기도를 하고 나서 세상 속으로 걸어 들어 갑니다.

사랑하는 사람들을 만날 수 있겠다는 기대, 하나님이 주신 대자연을 만끽할 수 있겠다는 기대, 군중 속에서 강물처럼 살아야겠다는 기대가 가슴을 마구 두드립니다.

태양이 이글거리는 대낮도 해 저문 저녁 황혼도 아침이 있었기에 내 것입니다. 한 날의 시작이 아침을 열면서 시작하듯 오늘 만나는 이에게 나를 열어 보이는 나의 아침은 얼마나 싱그럽겠습니까? 또한 열려있는 타인의 아침을 만나볼 수 있는 즐거움은 어떠하겠습니까?

그럼으로써 나는 잠들기 전에 "나뭇잎에 아침이슬 맺듯/ 자고 나면 내게도/ 이마에 맑디맑은/ 기쁨 서리기를// 아직도 기도하고 있습니다."

기도다운 기도

"하나님 아부지! 지들은 뭇가에 매논 맴생이 같고, 마당에 나뒹구는 헌 신발짝 같습니다." 회중기도에서 시골교회 노인의 꾸밈이 없는 이 기도가 오랫동안 마음에 남아 있습니다. 일생동안 교회를 다닌 내게도 기도는 큰 짐이 되는데 처음 교회를 나온 분들에게 기도는 무척 부담스러울 것입니다. 그래서 기도는 감사, 참회, 간구, 찬양 순으로 해야 한다고 교회가 가르치기도 합니다. 맞는 것일까요?

거침없이, 청산유수로 기도를 하거나 아름다운 말로 잘 꾸며진 기도, 사람들에게 감동을 주는 기도를 하는 사람에게 기도를 잘한다고 말하는데 맞는 말일까요? 기도에 잘하고 못하고가 있을까요? 이렇게 잘하는 기도는 하나님이 더 귀 기울여 들어 주실까요?

아무도 알아들 수 없는 말, 자신도 알 수 없는 말로 기도하는 사람을 두고 기도에 은사 받았다고 하는데 맞는 말일까요? 방언이 아닌 사람의 말로 하면 중간에서 귀신이 가로채 간다고 하는데 맞는 말까요?

모두가 틀린 말입니다. 내 생각에 그리스도인의 기도는 자신의 일을 이루어달라고 하나님께 비는 것이 아니라 하나님의 마음을 느끼는 것이라 믿습니다. 내가 잘못했을 때 하나님은 얼마나 섭섭해 하실까? 전쟁이 일어나 사람들이 죽게 되었을 때 하나님은 얼마나 슬퍼하실까? 배가 고파 울고 있는 사람을 보고 하나님은 얼마나 안타까워하실까? 하는 하나님의 마음을 느끼고 그분의 뜻을 구하는 것이 기도라고 생각합니다.

그럼으로써 기도는 말에 있지 않습니다. 기도는 마음에 있습니다. 기도하려는 마음이 곧 진정한 기도며 그 순간 기도는 이미 응답된 것입니다. 조리 있고 멋있는 말보다 마음의 간절함에 하나님께서는 귀를 기울이십니다.

그해 여름의 기도

무더운 어느 여름, 1급 뇌성마비 장애청년과 여름캠프를 함께 보낸 적이 있습니다. 아무것도 할 수 없는 그의 손을 대신해 나의 손을, 한 번도 걸어보지 못한 그의 다리를 대신해 나의 다리를 잠시 빌려주기로 했습니다. 그러나 그 같은 일은 생각처럼 쉽지가 않았습니다. 몸을 씻겨 주는 일, 이빨을 닦아주는 일, 밥을 먹여주는 일, 모래톱에 빠진 휠체어를 대신해서 그를 업고 다녀야 하는 일, 생리적인 처리, 물에 젖은 옷을 갈아입히는 일, 모기에 물려 가려운 곳을 긁어주는 일 등 그의 손과 발이 되어주는 일은 너무나 힘이 들었습니다.

이튿날 새벽, 잠에서 깬 나는 뒤틀린 다리를 구부린 채로 엎드려 기도하는 그의 모습을 볼 수 있었습니다. 모두가 잠이 든 꼭두새벽에 기도하는 그의 모습은 마치 성자처럼 보였습니다. 그에게는 가족이나 삶을 함께할 동반자도 없었습니다. 변변한 교육을 받은 적도 없고 모아 둔 재산도 없었습니다. 그에겐 오직 남의 도움이 없이는 삶을 지속할 수 없는 성하지 못한 몸뚱이가 전부였습니다.

내가 엿들은 그의 기도내용은 '새날을 주심을 감사하며, 푸른 하늘과 초록 빛깔의 바다를 볼 수 있음을 감사하고, 그 가운데 마음으로 범죄치 않고 만나는 이에게 감사하는 마음을 갖게 해 달라'는 내용이었습니다.

그의 이런 기도는 기도를 쉬고 있는 나를 책망하는 하나님의 음성으로 들렸습니다. 사람의 귀만을 의식한 중언부언한 기도의 허망함을 지적하는 꾸지람으로 들렸습니다. 그는 불 꺼진 내 영혼의 심지에 불을 붙였습니다. 그의 모습에서 '이제는 기도하라. 감사의 기도로 너의 기도를 충만케 하라'는 하나님의 음성으로 드렸습니다.

가을 들녘에서의 기도

주여! 가을의 들녘은 풍요롭습니다. 이 가을에 나로 주께서 기뻐하시는 한 알의 열매가 되게 하소서. 아주 작은 열매라도 좋습니다. 좁쌀만큼 작은 열매일지라도 그 속에 생명이 있음을 알고 있사오니 저로 생명 있는 작은 열매로 주께서 추수하소서.

가을 들녘에 떨어지는 것들은 모두가 아름답습니다. 감나무의 홍시는 단맛에 취해 스스로 떨어지며 밤나무의 알밤은 알알이 속 차서 떨어지는 것을 봅니다. 도토리, 상수리, 참깨 알갱이가 우수수 떨어집니다. 나뭇잎새 마저도 무르익어 낙엽으로 떨어지는 것을 보면서 익어야 떨어진다는 진리를 깨닫습니다.

주여! 저는 지금 떨어지고 있습니까? 아니면 덜 익은 채로 세상에 붙들려 있습니까? 주여! 제가 아직 익지 않아 떨어질 수 없다면 아직 남은 따스한 가을볕과 여문 바람으로 저를 서둘러 익혀 황금들판에 떨어지는 하나의 열매가 되게 하소서.

주여! 이 가을의 들녘에 저로 주께서 기뻐하시는 한 알의 열매가 되게 하소서. 들판 끝자락 교회당의 종소리가 떨어지는 해거름 들판에서 기도하는 '만종'이라는 그림에서 본 농부의 감사기도는 또 다른 열매이옵니다. 나로 하루일과가 끝나는 해거름의 일터에서 두 손을 모으고 기도할 수 있게 하소서. 오늘 하루 만났던 이들을 축복하게 하시고, 오늘 하루 있었던 일들을 기뻐하게 하시고, 비록 주께서 주신 분량만큼 하루를 채우지는 못했지만, 오늘 하루 최선을 다한 것으로 만족하게 하소서.

> 텃밭에서 거둔 참깨를
> 어머니와 함께 털면서
> 한 해 내내 식탁에 오를
> 참기름의 고소한 맛을 생각하니
> 행복해 집니다
>
> 이처럼
> 훗날 주께서 나의 열매를
> 요구하실 때
> 나는 얼마나 향내 나는 진실을
> 털어드릴 수 있을까요?
>
> — 김상현, 「참깨를 털며」 전문

다시 기도에 관해 생각해 봅니다

나는 일생동안 딱 두 번의 기도다운 기도를 드린 적이 있습니다.

한 번은 1980년 신군부에 의해 김대중 선생이 내란음모죄로 사형을 선고받았을 때 교회당 마룻바닥에 고개를 묻고 밤새 울면서 기도를 했습니다. 그때 기도는 "하나님, 이 나라를 어찌해야 합니까? 그 사람을 살려주십시오" 하는 말만 밤새껏 수없이 되풀이했었던 기도였고,

또 한 번은 아들이 뇌수술을 하고 사경을 헤맬 때 식음을 전폐하고 낮과 밤을 울면서 기도를 했던 일이 있습니다. 그때 기도 역시 "하나님, 아들 없이는 나는 살 수 없습니다. 아들을 살려주십시오." 하는 기도였습니다.

결과는 사형선고를 받았던 김대중 선생도 영어의 몸에서 풀려났고, 아들도 생명을 다시 얻게 되었습니다.

그때 기도의 체험은 '간절한 기도는 이루어주신다'는 확신을 하게 했습니다.

기도에 응답이 없는 까닭은 하나님이 무정해서가 아니라 목숨을 걸 정도로 간절함이 기도에 담겨 있지 않았기에 그렇습니다.

나는 간절함보다는 아름다운 수사로 꾸며진 기도를 듣고 있으면 간구하는 대상이 하나님이 아니라 회중 같다는 느낌을 지울 수가 없습니다. 이런 바리세파와 같은 기도는 다만 종교적 행위로써의 기도일 뿐 하나님이 귀를 열고 들으시는 '기도다운 기도'는 아닙니다.

그런데 이런 회의감에 오래 머물러 있다 보면 자칫 기도 자체를 잃어버리게 됩니다. 요즘 머릿속에 떠오르는 화두는 "오늘 집을 나서기 전 기도했나요."하는 복음송가 한 구절입니다. 그리고 깨달음의 결론은 '기도다운 기도'를 고집하는 것 못지않게 '삶 속에 녹아있는 기도'가 중요하다는 생각이 들었습니다. 그래야 그다음 소절 "오늘 받은 은총 위해 감사했나요."의 의미를 얻게 됩니다.

못에 관한 명상 1

　인류의 건축사에 가장 긴요하게 쓰이는 재료를 들라면 아마도 '못'일 것입니다. 건축물을 단단하게 고정하는 못은 그 쓰임새에 따라 종류가 많습니다. 그런데 '못'하면 그리스도인에게 가장 먼저 떠오르는 것이 '십자가의 못'일 것입니다. 예수의 양손과 발에 박힌 '세 개의 못'은 예수의 수난을 상징하기도 합니다.

　못은 본래의 순기능적인 면 못지않게 인간의 의식 속에 무수한 의미를 담고 있습니다. '예수 십자가의 못'은 한 개인의 죽음을 넘어 인류에게 큰 사랑을 확증해 보인 의미가 담겨 있습니다. 우리는 누군가에게 상처를 받았을 때 "내 가슴에 못 박지 마라!"는 말을 합니다. 이 말 속에는 아픔을 주는 말이나 행동은 바로 가슴에 못을 박는 것과 같다는 의미입니다.

　우리는 벽이 아닌 사람들의 가슴팍에 알게 모르게 무수한 못을 박으면서 살아왔습니다. 때론 부모의 가슴에 대못을 치기도 했으며 자녀의 가슴에 수없이 잔못을 박기도 했습니다.

우리는 가슴에 남겨진 못 자국을 보면서 못을 친 사람을 잊지 않으며, 용서하지 않으며, 미워하며, 증오합니다. 그럼으로써 못 자국은 아물지를 못하고 더 아픈 상처로 진행됩니다.

예수님은 어떻게 했을까요. 예수님은 손과 발에 못이 박힌 채로 못 박은 자들을 용서해 달라고 하나님께 기도했습니다. 예수님은 손의 못 자국과 옆구리의 창 자국을 보이시며 "너희에게 평강이 있을지어다."(요한복음 20장 21절)라고 하셨습니다.

기억을 잘 살펴보고 만약 내가 누구의 가슴에 못을 친 일이 있으면 용서를 구하십시오. 또한 내가 못에 찔려 심령이 곤하다면 못을 친자를 용서하십시오. 못 박힌 자가 못을 친자를 용서하며 사랑할 때 그리스도의 '십자가의 못'이 우리 속에서 살아 "서로 사랑하라"하는 생명의 말씀을 구현해 낼 수 있습니다. 이것이 그리스도의 정신이며 고난의 의미입니다.

못에 관한 명상 2

예수님의 수난을 상징하는 '세 개의 못'을 마음에 두고 '못'에 관해 더 생각해 보려고 합니다. 인간에게 '못'이란 바로 증오, 미움, 대결, 멸시, 무자비함과 같은 것입니다. 그런데 우리는 못 박는 일에 능숙해져 있습니다. 세계 유일의 분단국가인 한반도의 상황만 해도 북은 전쟁무기 개발에 속도를 내고 있으며 남은 북을 와해시키기 위해 엄청난 비용과 노력을 기울이고 있습니다. 남북이 증오심으로 가득 찬 우리 민족을 두고 세계인들이 조롱하고 있어도 그 부끄러움을 알지 못합니다.

억압하는 정치권력이, 착취하는 경제권력이 민중의 가슴에 못을 박고 있으며, 인간을 한낱 생산을 위한 노동력으로 보는 비루함이 인간의 존엄에 못을 박고 있습니다. 무소불위의 힘을 가진 나라가 약한 나라를 침공하여 자원을 빼앗는가 하면 잘사는 나라끼리 맺은 자유무역협정은 가난한 나라를 더욱 가난하게 만듭니다. 이 같은 일은 세계평화에 못을 박는 일입니다.

신의 이름으로 못을 박는 행위는 또 어떠한가요? 기독교가 저지른 중세의 십자군 전쟁이나 이슬람무장단체에 의해 자행되고 있는 테러는 상대를 진멸의 대상으로 보기 때문입니다.

나는 얼마 전에 지인으로부터 장문의 편지를 받았습니다. 내용인즉 전북 익산에 이슬람 교회가 세워지고 무슬림을 위한 학교와 병원이 건설된다고 하니 여기저기 탄원서를 내서 무슬림이 이 땅에 발을 붙이지 못하도록 해야 한다는 것이었습니다. 그는 편지 말미에 그들은 우리 여자들을 강간할 것이며 우리 자녀들을 IS대원으로 만들 것이라는 끔찍한 말을 남겼습니다. 나는 그 편지에서 증오의 못을 발견하였습니다.

예수님은 어떻게 하셨을까요? 율법은 악은 악으로 복수해야 한다고 가르쳤으나 예수님은 악을 선으로 대하라고 가르치셨습니다. 그분은 십자가에 달리시면서 화해를 선포하셨습니다. 이제 우리는 예수의 사랑으로 가슴에 박혀있는 모든 못을 뽑아야 합니다. 못을 뽑는 일이 신앙의 본질이며 예수의 제자로 살아가는 일입니다.

사람의 마음

사람들은 사람의 마음을 말할 때 "열 길 물속은 알아도 한 길 사람 속은 모른다."는 말을 자주합니다. 그만큼 사람의 마음은 모른다는 뜻입니다. 사람의 마음은 양면성이 있어서 어떤 때는 제 살을 내어줄 듯 살갑게 대하다가도 돌변하여 찬바람이 일 정도로 냉정하며 몰인정한 모습을 보이기도 합니다. 사람의 마음은 오직 한 곳인데 이처럼 쓴물과 단물을 낸다는 것이 이상하지요.

사람에게 좋은 마음은 감사, 겸손, 구제, 극기, 근면, 끈기, 용기, 인내, 친절, 희생과 같은 것이고 나쁜 마음은 교만, 근심, 낙심, 멸시, 몰염치, 무관심, 방종, 배신, 욕심, 허영 등 이루 헤아릴 수가 없습니다.

동양의 철학자 중에 맹자는 인간은 본래 선한 품성을 가지고 태어났다고 하고, 순자는 인간의 본성은 태어날 때부터 악하다고 했고, 노자는 인간에게는 선과 악의 두 마음이 상존한다고 했습니다.

예수님은 인간의 품성에 관해 어떻다고 정의하지 않고 획기적인 말씀을 하고 있습니다. "서로 사랑하라. 내가 너희를 사랑한 것 같이 서로 사랑하라"(요한복음13:34)는 말씀입니다.

어떻게 실천할 것인가는 고린도전서 13장에 잘 기록되어 있습니다. 믿는 자에게 사랑은 마치 문을 여는 열쇠와 같아서 사랑 없이는 하늘에 다다를 수 없을 뿐 아니라 사랑 없이는 사람의 마음을 열 수 없습니다. 사랑은 사람의 좋은 마음과 나쁜 마음을 뛰어넘어 사람의 번민과 상처를 치유할 수 있는 유일한 길입니다.

사랑이 없는 까닭에 분쟁과 전쟁이 일어납니다. 어느 나라가 핵을 보유하고 과학기술이 우위에 있다고 해서 평화가 유지되는 것은 아닙니다. 인류가 지금 이 위기에서 구원받을 길은 오직 예수님의 '사랑 처방'뿐입니다. 사람의 마음이 사랑이라는 지고한 가치를 실천하는 길뿐입니다.

용서

주기도문을 드릴 때마다 "저희가 저희에게 잘 못한 이를 용서한 것과 같이 저희 잘못을 용서 하시업고"라는 대목에서 울컥 마음이 걸립니다. 영어 성경은 "용서할 수 없는 자를 저희가 용서 하시업고"로 되어 있습니다. 용서는 사랑의 출발점이며 사랑의 열매임을 알면서도 용서처럼 어려운 것은 없습니다.

이창동 감독이 만든 〈밀양〉이라는 영화는 '용서'에 관해 밀도 있게 그리고 있습니다. 영화 속 주인공 신애는 자신의 아들을 납치 살해한 살인범을 용서하기 위해 교도소를 찾아갑니다. 그런데 살인범은 신애에게 자신은 참회를 통해 하나님께 용서를 받았다며 너무나 평안해 합니다. 신애는 "내가 용서하지 않았는데 누가 용서를 할 수 있느냐?"고 울부짖습니다.

나는 이 영화를 보면서 사람이 용서하지 않으면 하나님도 용서하지 못한다는 생각을 했습니다. 주님께서 가르쳐 주신 기도에서도 볼 수 있듯이 내가 다른 사람을 용서한 후에 하나님께 자신의 용서를 구하는 것이 순서이고 보면, 영화가 주고자 한 메시지에 공감합니다. 예수님도 십자가 위에서 '저들은 저들이 저지르고 있는 잘못을 알지 못한다.'며 하나님께 저들을 용서해 줄 것을 간구했습니다. 예수님이 먼저 그들의 죄를 용서하였음을 알 수 있습니다. 또한 "네 형제에게 원망 들을만한 일이 있는 줄 생각나거든 예물을 제단 앞에 두고 먼저 가서 형제와 화목하고 그 후에 와서 예물을 드리라"(마5:23-24)고 주님은 말씀하십니다.

그리스도의 이름 아래 공동체인 교회의 지체들이 서로 상처를 주고 형제라고 부를 수는 없습니다. 용서하지 않고 형제라고 부를 수는 없습니다. 더군다나 형제를 용서하지 않고 하나님께 용서를 구하는 기도는 주님이 가르쳐주신 기도를 부정하는 일이기도 합니다. 용서는 믿음의 용기에서 나옵니다. 용서의 실천은 믿음의 참모습이기도 합니다.

주의 말씀으로 조율된 사람

17세기 후반에 등장한 피아노는 현대에서 음악의 중심을 이루고 있는 악기입니다. 모차르트와 베토벤 같은 작곡가에 의해 피아노곡은 사람들로부터 많은 사랑을 받고 있습니다.

그런데 피아노의 아름다운 선율은 스프링(현)이 해머에 얻어맞아 생기는 소리입니다. 작곡가의 의도에 따라 때론 빈번하게, 때론 강하게 얻어맞으면서 소리를 만들어 내고 있습니다. 한 곡의 연주가 끝날 때까지 해머는 쉼 없이 스프링을 두들겨 소리를 뱉어내게 합니다.

그리스도인도 이와 비슷해서 예수의 말씀이 그 심령을 두드릴 때 비로소 아름다운 사람으로 변하게 됩니다. "하나님의 말씀은 살았고 운동력이 있어 좌우에 날 선 어떤 검보다 예리하여 혼과 영과 및 관절과 골수를 찔러 쪼개기까지 한다."(히브리서 4:12)는 능력의 말씀에 수없이 얻어맞을 때 정금 같은 믿음을 얻게 됩니다. 즉 성령의 역사는 우리의 생이 끝날 때까지 주의 말씀이 쉼 없이 우리를 두들겨 그리스도

인답게 만드는 것입니다.

피아노가 정확한 음을 얻기 위해, 또는 오케스트라의 모든 악기의 음을 조율하기 위해 튜닝을 할 때 기본이 되는 "라"(A)음은 아기가 세상에 태어날 때 첫울음의 주파수와 같다고 합니다. 어떤 이는 이를 두고 아기가 지상에 잘 도착했다며 하늘을 향해 알리는 것이라고도 말합니다.

그리스도인에게는 성경은 A음과도 같습니다. 많은 그리스도인이 사회에서나 교회에서 불협화음을 만들어 내는 이유는 주의 말씀으로 조율되지 않았기 때문입니다. 주의 말씀으로 조율된 사람은 성령의 열매 곧, 사랑과 희락과 화평과 오래 참음과 자비와 양선과 충성과 온유와 절제가 나타나게 됩니다.

4. 영혼에 관한 묵상

"제가 살고 있는 강가에는 이름을 다 헤아릴 수 없을 정도로 많은 날벌레들과 지네, 돈벌레, 딱정벌레, 쥐며느리, 거미 등 수많은 벌레들이 동거를 고집합니다. 우리는 쉽게 그것들을 익충과 해충으로 구분해서 해충은 박멸의 대상으로 삼습니다. 이런 이분법적 사고는 생명의 시각보다는 인간의 이기심이 우리 머릿속에 자리 잡고 있기 때문입니다."

잡풀은 없습니다

우리는 우리가 필요하지 않은 것들은 소중하게 생각하지 않습니다. 예컨대 밭이랑에 웃자란 잡풀들은 뽑아내어 버립니다. 우리에게 필요한 곡식이나 채소와 같은 먹을거리는 소중하게 생각하지만, 그 외의 것들은 모두 제거해야 할 대상으로 여깁니다.

제가 살고 있는 강가에는 이름을 다 헤아릴 수 없을 정도로 많은 날벌레들과 지네, 돈벌레, 딱정벌레, 쥐며느리, 거미 등 수많은 벌레들이 동거를 고집합니다. 우리는 쉽게 그것들을 익충과 해충으로 구분해서 해충은 박멸의 대상으로 삼습니다. 이런 이분법적 사고는 생명의 시각보다는 인간의 이기가 우리 머릿속에 자리 잡고 있기 때문입니다.

천지를 창조하시고 하늘 아래 각종 생명을 유지하시는 하나님의 눈에는 잡풀은 없습니다. 밭이랑에 무성하게 자란 활기찬 푸른 생명이 있을 뿐입니다. 하나님의 세계에서는 해충이 따로 없습니다. 활기차게 날갯짓하는 어린 생명들과 부지런히 흙을 헤집고 다니는 귀여운 생명들이 있을 뿐입니다. 하나님은 인간에게만 사랑이 아니라 천지의 모든 생명들에게 사랑이십니다.

만약 하나님이 우리처럼 해악을 끼치는 것들을 박멸한다면 어찌 인간이 살아남았겠습니까? 끝없이 과학기술을 신봉하며, 무정하며, 탐욕으로 인한 생태계 파괴의 주범인 인간이야말로 가장 먼저 제거해야 할 대상이 되었을 것입니다.

하나님의 눈에는 잡풀이 없듯이 하나님의 눈은 인간을 선악으로 구분하지 않습니다. 인간 모두를 당신 곁에 두고 싶어 아들 예수를 보내주셨습니다. 이것이 하나님의 은혜이며 우리가 하나님을 경배하는 이유입니다.

당신은 하나님의 걸작입니다

오래전 이야기입니다. 월악산 기슭에 통나무집을 짓고 그릇을 만들며 살아간다는 도공이 나를 찾아왔습니다. 이야기하는 그의 눈빛에는 산그늘보다 짙은 외로움이 엿보였습니다.

나는 그에게 "하나님은 흙으로 사람을 만드셨는데 당신은 흙으로 그릇을 빚으니 얼마나 행복한 사람입니까"라고 말했더니 금시 쓸쓸한 빛이 사라지고 여간 좋아하는 기색이 되었습니다.

그가 내게 주려고 가져온 선물은 우아하기 그지없이 아름다운 꽃병이었습니다. 내가 그에게 늘 이런 고급스런 도자기만을 만드느냐고 물었더니 "아니요 생활에 필요한 물컵이나 접시 같은 것도 만들어요." 하고 그가 말했습니다. 그래서 내가 "그런 것들은 대충 만들겠군요?"하고 말했더니 그가 정색을 하며 "아닙니다. 정성을 들이기는 마찬가지예요."라고 대답을 했습니다.

문득 "토기장이가 진흙 한 덩이로 하나는 귀히 쓸 그릇을, 하나는 천히 쓸 그릇을 만드는 권이 없느냐"(로마서 9장 21절)는 말씀이 떠올랐습니다.

내가 만난 도공의 말에 따르면 이 성경 말씀 중에 천히 쓸 그릇도 정성을 다해 만든다는 것이었습니다.

내가 철이 없을 때, 왜 부유한 나라에서 태어나지 못하고 가난한 나라에서 태어났을까? 왜 잘사는 부모에게서 태어나지 못하고 끼니를 걱정하는 부모에게서 태어났을까? 하고 자신의 처지를 원망한 적이 있습니다.

그런데 요즘 말로 금수저를 물고 태어난 사람이나 흙수저를 물고 태어난 사람이나 모두가 하나님의 작품이며 그것이 금수저가 되었던 흙수저가 되었던 하나님은 정성을 다해 우리를 빚으셨다는 사실입니다. 바로 가난 속에 나를 빚어 놓으시고 하나님께서는 보시기에 심히 좋아하셨다는 사실입니다.

하나님은 나지막한 음성으로 우리의 귓가에 말씀하십니다. "세상에 네가 있는 것은 내가 최선을 다해 내놓은 나의 걸작이기 때문이다"라고요.

우리는 만나고 있는가

어떤 이는 벗으로, 어떤 이는 스승과 제자로, 어떤 이는 부부로 만나서 살아갑니다. 세상의 모든 사랑은, 세상의 모든 이별이, 만남에서 비롯되며 세상의 모든 희로애락이 만남의 결과에서 발생됩니다. 어떤 만남은 화학적 결합이 잘되는가 하면 어떤 만남은 극이 같은 자석처럼 튕겨져 나옵니다.

사람들이 말하는 '좋은 만남'이라는 것도 지극히 이기적이어서 나에게 피해를 주지 않고 이롭게 하는 사람만을 원합니다. 나를 괴롭히는 사람과의 만남을 사람들은 '악연'이라 부르며 가급적 피해가려고 합니다.

인간의 만남은 '아름다움'을 전제로 합니다. '아름다움'이란 말 자체가 상대를 '안다'는 '아름'과 '격'을 의미하는 '다움'이 합쳐진 단어입니다. 상대를 알고 인격적으로 대하는 것을 진정한 의미에서 만남이라 한다면 우리는 지금 만나고 있을까요?

만남을 공간개념으로 생각하면 우리는 적게는 매주 한 번, 많게는 매일 새벽, 교회에서 만나게 됩니다. 우리는 상대의 표정을 보며, 상대의 옷차림새를 보며, 악수를 하며 인사를 나눕니다. '나의 겉모양과의 만남'이지요. 좀 더 세심한 분들은 건강과 가족에 대한 안부와 한 주에 있었던 일을 묻기도 합니다. '나의 일상과의 만남'이지요.

만남에는 지독한 편견이 있을 수 있습니다. "저 사람은 장로니까" "저 사람은 권사니까" "저 사람은 집사니까" 거기에 상응하는 신앙을 가지고 있어야 한다는 편견입니다. 그리하여 우리는 사람을 만나는 것이 아니라 교회 직분을 만나고 돌아갑니다.

정신적 소통 없는 만남은 만남이라 할 수 없습니다. 상대에 대한 인생관과 가치관, 의식과 사상을 외면한 채 겉모습끼리의 만남은 공허하며 외롭습니다.

"당신의 핏자국에서 꽃이 피어"

지금 우리 갤러리에서는 〈소멸과 생성〉을 주제로 한 그림을 전시하고 있습니다. 작가가 민들레 갓털(사람들은 민들레 홀씨라고도 함)을 보며 풀꽃의 생성과 소멸 그리고 다시 생성이라는 생명의 순환을 표현하고 있는 그림입니다.

소멸과 생성을 다른 말로 하면 죽음과 부활입니다. 민들레꽃이 소멸과정을 거치지 않고는 생명으로 생성될 수 없듯이 사람 역시 죽지 않고는 부활을 기대할 수 없습니다. 동양의 철인 노자(老子)는 죽음을 생에서 마지막으로 맞이하는 성장의 기회로 보고, 삶과 죽음의 경계가 사라진 대자유의 경지를 인간이 지향해야 할 삶의 태도로 보고 있습니다.

부활의 믿음은 삶과 죽음의 경계를 허물고 오히려 죽음을 또 다른 삶의 완성으로 인식하게 됩니다. 부활에 확신이 있으면 그 영혼이 자유롭지만 부활의 소망이 없으면 땅에 것에 치중하며 죽음에 대한 불안을 느끼게 됩니다. 민들레의 갓털처럼 믿음은 자유롭게 하늘을 유영하는 씨앗입니다.

"예수께서 이르시되 나는 부활이요 생명이니 나를 믿는 자는 죽어도 살겠고 무릇 살아서 나를 믿는 자는 영원히 죽지 아니하리니 이것을 네가 믿느냐"(요한복음 11장25~26)는 말씀은 부활의 신앙이 삶과 죽음의 경계를 무너뜨리고 영생의 소망을 우리에게 갖게 합니다.

문득 예수님의 부활에 관한 어느 시인의 시 한 구절이 생각났습니다. "당신의 핏자국에선/ 꽃이 피어/사랑의 꽃이 피어/ 땅끝에서 땅끝에서/ 당신의 못 자국은 우리를 더욱/ 당신에게 열매 맺게 합니다// 당신은 지금 무덤 밖/ 온 천하에 계십니다, 두루 계십니다."

저는 못입니다

올해도 저는 대못이었습니다
당신의 손과 발에 박혔던
그때의 그 대못이었습니다
당신의 살점을 파고들던
몹쓸 쇠못입니다
매번 그랬던 것처럼
당신의 손과 발목을 찌르면서
당신께 용서를 빌며
용서를 빌면서
다시 찌르기를 거듭해 왔습니다
당신은 나를 보고 울었지만
나는 눈물 없이 울었던 사람입니다
언제나 당신이 원했던 것을
외면하면서도
욕심이 커서 기도가 많은 나를

가엾게 여기소서
그러나 주여 당신의 피가
내 몸에 묻어 영광스러운 못으로
존재한다는 것을 제가 압니다
올해도 저를 용서하옵소서.

　　　　　　　　　　　－ 김상현, 「저는 못입니다」 전문

　60년쯤 전에 있었던 일입니다. 서양선교사가 영화를 가지고 왔습니다. 영화가 상영되는 교회마당에는 교인들 외에도 동네 사람들로 마당을 가득 메웠습니다. 낡은 흑백의 영화 내용은 예수의 수난과 죽음에 관한 것이었습니다. 예수님이 십자가에 못 박히는 장면에서 사람들은 엉엉 소리를 내며 울었습니다. 그때 양손과 발에 대못을 박는 둔탁한 소리가 어린 내 가슴에 오랫동안 남아있게 되었습니다.

　올해도 두 달이 채 안 되게 남았습니다. 올 한해도 나는 주님을 아프게 했던 대못으로 살지 않았는가? 되돌아보게 됩니다. 용서를 빌면서도 똑같은 죄를 반복했던 것이나 나의 이기를 위해 간구했던 행위들은 모두가 주님께 못질을 해대는 일이었다는 뉘우침을 갖게 됩니다.

　비단 저만이 아닐 것입니다. 한해를 주님 중심으로 살지 못하고 자기중심으로 살았다는 후회는 진정한 그리스도인이 공통적으로 갖는 마음의 소리입니다.

　십자가 사건은 그리스도의 사랑을 우리에게 보인 결정판이었기에 더욱 그렇습니다. 참회가 없는 그리스도인, 심령에 예수의 십자가가 없는 그리스도인에게 주님은 묻습니다. '네가 무엇을 원하느냐? 아직도 먹을 것과 입을 것을 구하느냐?'고 물으십니다. 한해 내내 주님께 못질을 한 당신을 그분은 여전히 사랑하고 있다는 사실은 기적이 아닐 수 없습니다.

"위험하게 살라"

　"위험하게 살라" 프리드리히 니체가 우리에게 던진 말입니다. 이 말은 새로운 일을 두려워하지 말고 도전하라는 뜻입니다. 도전하지 않는 인생은 의미가 없는 인생이라고 볼 때 니체의 표현이 조금은 과격해 보이지만 맞는 말입니다. 역사를 움직인 모든 인물들은 불가능 일에 도전했던 사람들입니다.

　며칠 전에 우리교회 전도사님이 찾아왔습니다. 헤어지기 전에 식사라도 같이하자고 해서 마련된 자리였습니다. 나는 그에게 교회사역을 그만두고 무엇을 할 계획이냐고 조심스럽게 물었습니다. 그는 주저함이 없이 "농수산시장 새벽 장에서 노동을 하려고 합니다. 생각해 보니 제가 자신 있게 할 수 있는 일이 그 일인 것 같습니다" 라고 대답을 하는 것이었습니다. 의외의 대답에 조금은 놀랐습니다만 너무나 신선했습니다. 그를 사랑하는 주변 사람들의 걱정은 그가 앞으로 목회자의 길을 가야하는데 세상 속에서 신앙의 순수성을 잃지 않을까, 기도와 말씀에서 멀어지지는 않을까 하는 것이라고 했습니다.

나는 일상에서 벗어나 전혀 다른 삶 속으로 뛰어들 각오를 한 그가 대견스럽게 느껴졌습니다. 비록 그 일이 위험하고 힘들지라도 인생의 큰 틀에서 보면 아주 좋은 공부가 되는 경험이기에 나는 그의 결심에 박수를 보냈습니다.

속됨과 거룩함은 삶의 현장이나 환경에 있지 않고 자신의 마음에 있음을 알면 농수산 장터의 새벽 장은 그가 하나님과 새롭게 만나는 장소가 될 것입니다. 새벽의 신선한 공기에서 하나님의 호흡이 느껴질 것입니다. 군중 속에서 새롭게 주의 말씀을 상기할 것입니다. 나는 그의 결심이 흔들리지 않길 바라는 마음으로 갈릴리바다에서 물고기를 잡던 어부 베드로가 그물을 던져버리고 예수님을 따라갔던 이야기를 해주었습니다.

그가 노동을 마치고 돌아왔을 때 더욱 단단한 믿음과 흔들림이 없는 신학적 배경을 갖춘 목회자가 되어 낮은 곳에 있는 사람들을 위한 사역을 넉넉하게 감당할 것입니다. 내가 그에게 시 한 구절을 선물한다면 "동행하는 것은 고통의 모래바람입니다/ 하늘과 모래뿐인 사막에 나를 던져 넣는 일이 자랑스럽습니다."입니다. 축복합니다.

시듦도 은총입니다

눈이 내린 들길을 걷다 보면 잔설 속에 초록의 풀잎이 보입니다. 처음에는 그 생명의 강인함에 찬사를 보내지만, 곧 모든 잎들이 시들어버린 겨울을 초록의 풀잎이 마치 반항이라도 하는 것처럼 보여 눈에 거슬립니다. 그리고 며칠이 지나서 마주친 초록의 풀잎에서 시들지 못한 안쓰러움이 느껴집니다.

시들 때 시들어야 하는 것이 순리이며 시들어 죽은 자리에서 봄이 되면 새순을 싹 틔우는 것이 생명의 순환이자 하나님이 섭리인데 겨울에 시들지 못하는 것을 보면 측은한 생각이 듭니다.

사람 역시 생의 겨울을 담담하게 맞이하지 못하고 몸부림치는 것을 보면 측은한 생각이 듭니다.

수년 전 수학여행을 가기 위해 학생들을 태운 배가 전복되어 수백 명의 어린아이들이 죽음을 맞게 된 일이 있었습니다. 차가운 바닷물 속에 자식을 둔 부모들이 울부짖고 온 국민이 슬픔에 빠져있는 시간에 대통령은 한가롭게 얼굴의 주름을 없애느라 참사를 외면해 버린 사실이 낱낱이 밝혀졌습니다. 이러한 악행은 시들어가는 생에 역행하여 시들지 않으려는 인간 내면의 추악함의 민낯을 보는 것 같아 서글퍼집니다.

이 땅에 하나님께서 창조하신 모든 생명은 나고, 활발히 자라며, 성장을 멈추고, 시들어버립니다. 이 같은 순환은 창세부터 마지막 때까지 반복됩니다. 우리는 사계절의 변화에서 생명의 순환을 잘 볼 수 있습니다.

겨울은 시듦의 아름다움을 체험할 수 있는 계절입니다. 이 겨울에 자신의 시듦 속에 빛나는 하나님의 섭리를 깨닫고 감사함이 넘친다면, 그 사람이 하나님으로부터 은총 입은 사람입니다. 바로 하나님의 나라가 내 안에 있을 때, 시듦이나 슬픔은 영혼의 기쁨으로 변합니다. "내 영혼이 은총 입어"라는 찬송이 이를 잘 표현하고 있습니다.

느림이 은혜입니다

그리스도의 복음은 들음에서 알게 되고, 깨달음에서 믿어집니다. 그러나 욕망을 충족하기 위한 개개인의 태도와 문명의 건설만을 맹렬하게 추구하는 현대사회에서 '들음과 깨달음'이라는 정서는 뿌리를 내리지 못합니다.

사람은 서로 사랑해야 하는 합일의 대상이라고 성경은 가르치고 있으나 현대사회는 사람과 사람 사이를 경쟁의 대상으로 만들어 버립니다.

무한경쟁사회의 특징은 속도전입니다. 남들보다 더 먼저 가서 선점을 차지하려고 하기 때문에 어깨동무를 하지 않습니다. 보다 빠른 정보를 선취해서 더 많은 정보를 저장하기 위해 메가mega(10^6)에서 기가giga(10^9)로 그리고 테라tera(10^{12})로 용량을 늘려갑니다. 간이역마다 머물던 완행열차는 사라지고 초고속열차가 빠르기를 자랑합니다.

이제 속도는 돈이 되는 세상이 되었습니다. 사람들은 뒤지지 않으려고 잠을 제대로 자지 못하며 마음 놓고 쉬지도 못합니다. 일에 중독된 현대인들은 여가를 오히려 불안해합니다. 어른들은 "일찍 일어나는 새가 벌레를 잡는다."고 가르칩니다. 과연 이런 삶이 행복할까요? 쉼이 없는 사회, 경제성장만을 추구하는 이 사회가 집단으로 중병이 든 것은 아닐까요? 노동을 위해 여가를 버리는 것을 당연시하는 우리에게 '저녁이 있는 삶'이 실현될까요?

걸어가다 넘어지면 가벼운 찰과상만 입지만 날아가다 떨어지면 죽는다는 섬뜩한 화두를 던지며 느림에 관해 생각해 봅니다. 느림이 없는 사회는 사색이나 기도가 사라지고 참을 수 없는 가벼움으로 소란스러우며 일락(逸樂)만을 추구합니다. 느림은 인생을 꿈꾸게 하며 기다림의 여유를 갖게 합니다. 걸어가야 그림자를 볼 수가 있듯 느림은 자신을 성찰할 시간을 줍니다. 바로 느림은 정신적으로 매우 소중한 우리가 누려야 할 은혜입니다.

은혜 아니면 십자가를 질 수 없습니다

"아버지여 아버지께서는 모든 것이 가능하오니 이 잔을 내게서 옮기시옵소서 그러나 나의 원대로 마시옵고 아버지의 원대로 하옵소서."(마가복음14:36) 이 말씀은 십자가를 지시기 전 겟세마네에서 하신 예수님의 기도입니다.

예수님은 인간으로서 참혹한 십자가형을 피하고 싶으셨을 것입니다. 그러나 그는 자신의 뜻보다 아버지의 뜻을 따르겠다고 말합니다. 그리고 예수님은 십자가를 지셨습니다.

사람들은 자신에게 주어진 시련을 십자가에 비유하곤 합니다. 우리에게는 숙명적으로 짊어질 수밖에 없는 시련이 있는가 하면 잠시 잠깐 겪는 어려움도 있습니다. 그것이 무엇이 되었든 간에 짊어져야 하는 십자가라면 피하지 마십시오.

때론 부모나 형제, 자식이 십자가일 때가 있습니다. 직장 상사나 동료, 친구가 십자가일 때가 있습니다. 가난과 외로움이 십자가일 수가 있습니다. 병마로 고통받거나 병든 몸을 아무도 돌봐주지 않을 때 자신의 육체마저 십자가로 느껴질 것입니다.

그리스도인에게 때론 교회가, 목회자가, 성도가 버거운 십자가로 느껴지는 경우도 있습니다. 십자가는 여러 가지 모습으로 마음속에 앙금을 남깁니다. 그 십자가를 위해 기도해야 하는데 그 십자가로 인해 기도가 막힙니다. 마침내 주님을 향한 첫사랑을 잃어버리고 번민하게 됩니다. 이럴 때 여러분은 어떻게 하시겠습니까?

"나의 원대로 마시옵고 아버지의 원대로 하옵소서."라는 주님의 기도에서 해답을 찾을 수 있습니다. 지금 당신에게 십자가가 있다면 피하지 마십시오. 비록 그 십자가가 무거울지라도 왜 무겁냐고 묻지 말고 오히려 짊어질 힘을 달라고 간구하십시오. 그것이 은혜입니다. 십자가의 사랑, 능력에 의지하십시오. 은혜 아니면 십자가를 질 수 없습니다. 기뻐하십시오. 당신의 십자가가 신앙을 키우는 능력이 될 것입니다.

복에 관한 생각

기독교인들이 가장 많이 쓰는 단어는 '축복'일 것입니다. 축복(祝福)은 복을 빌어준다는 뜻입니다. 복을 빌어주는 것을 싫어하는 사람은 없습니다. 그래서 진심이 담겨 있지 않아도 "축복합니다."라는 말은 기분이 좋습니다.

새해가 시작되는 신정명절이나 구정명절이면 "복 많이 받으세요."라는 인사를 주고받습니다. 물질이 우상화되어 있는 자본주의 사회에서 복은 재물을 의미합니다. 그래서 노력하지 않고 일확천금을 꿈꾸는 사람들은 복권을 사기도 합니다.

중국을 여행하다 보면 벽에 커다란 '福'자가 거꾸로 붙어있는 것을 흔히 볼 수 있는데 복이 쏟아지라는 의미라고 합니다.

우리 선조들도 복을 갈망하기는 마찬가지였습니다. '福'자를 수놓은 꽃베개를 만들어 베고 잤으며 그릇마다 '福'자를 새겨 넣었는가 하면 여인들의 족두리나 옷고름에는 '福'자를 수놓았습니다. 양반집 아이들이 머리에 쓰는 굴레에도 '福'자는 빠지지 않았습니다.

　서경 상서에 오복(五福)은 장수(壽)와 부(富)와 몸이 마음이 건강하고 편한 강녕(康寧)과 어진 덕을 쌓는 유호덕(攸好德)과 천수를 다하고 죽는 고종명(考終命)인데 사람들은 이것을 기원하였습니다. 현대인들의 오복(五福)은 건강을 잃지 않는 것, 좋은 배우자를 만나는 것, 재력을 갖추는 것, 직업이 있어야 하며 친구를 많이 두는 것이라고 합니다.

　성경은 어떤 복을 말씀하고 있을까요? 악인의 꾀를 좇지 않으며 죄인의 길에 서지 아니하며 오만한 자의 자리에 앉지 아니하고 여호와의 율법을 즐거워하며 밤낮으로 묵상하는 사람이 복이 있는 자라고 했습니다.(시편 1장 1절~2절)
　심령이 가난한 자, 애통해 하는 자, 온유한자, 옳은 일을 갈망하는 자, 긍휼이 여지는 자, 마음이 깨끗한 자, 화평케 하는 자, 옳은 일을 위해 고난을 받는 자가 복이 있는 자라고 했습니다(마태복음 5장3절~10절). 이런 복을 받기를 원합니다.

"얼마나 아프셨을까"

예수의 고난을 이해하기 위해서는 성경의 통로를 통해 예수 수난의 문을 열고 들어서야 합니다. 예수님이 잡히시어 고난을 받으셨던 1985년 전의 예루살렘, 공포와 살기가 감도는 그곳으로 가봐야 합니다. 로마 군인들은 예수님을 채찍질했으며 머리에는 가시관을 씌우고 갈대로 예수님의 머리를 때리고 침을 뱉으며 조롱하였습니다. "연한 순 같고 마른 땅에서 나온 줄기 같아서, 고운 모양도 없고 풍채도 없는" 연약한 그분이 갖은 모욕과 천대를 받으시고 십자가 위에서 참혹하게 죽으셨습니다.

유대 군중은 무지했으며 로마 병정들은 무정했습니다. 유대인들은 자신을 하나님의 아들이라 말하는 예수를 참담하다며 죽였고 로마 병정들은 로마에 대항하는 반란의 수괴라며 예수를 죽였습니다.

하나님의 아들이 얼마나 아프셨을까요. 가죽채찍에 맞아 살점이 떨어져 나갈 때 얼마나 아프셨을까요? 가시관이 머리를 파고들 때 얼마나 아프셨을까요? 십자가를 지시고 골고다 언덕길을 오를 때 얼마나 힘드셨을까요? 손과 발에 대못이 박힐 때 얼마나 아프셨을까요? 십자가에 달린 채 창에 찔려 물과 피를 다 쏟으실 때 얼마나 아프셨을까요?

은혜받은 이여, 고난받으신 예수님을 생각하면 가슴 속에 이런 소리가 들리지 않습니까? 병사들의 채찍질 소리와 예수님의 신음소리, 예수님을 십자가에 못 박으라며 부르짖는 군중들의 외침, 예수님의 손목과 발등을 내려치는 망치 소리, 고통에 부르짖는 예수님의 비명소리, 어머니 마리아와 막달라와 제자들의 울부짖음이 여러분의 가슴을 쿵쿵 내리칠 것입니다.

고난의 대미는 용서와 사랑의 결정판이었습니다. "아버지, 저들을 용서하여 주옵소서. 자기들이 하는 것을 알지 못함이니 이다."

이 말씀에 따르면 예수님은 몸의 부활에 앞서 이미 사랑으로 부활하신 것입니다. 원수를 사랑하라고 하신 말씀을 스스로 실천하신 것입니다. 그럼으로써 예수를 주로 믿는 믿음은 "서로 사랑하라"는 말씀을 실천하는 것입니다.

이름이 갖는 의미

아는 분이 도예작품 2점을 놓고 갔습니다. 작품은 단아하면서도 모던해 보였습니다. 이 작품은 그분이 그동안 소장하고 있었지만, 작가가 누구인지 또 어떤 의도로 제작되었는지 전혀 모른다고 했습니다. 그분이 돌아간 뒤로 이 작가 미상인 작품을 물끄러미 바라보았습니다. 속이 비고 가운데 커다랗게 구멍이 나 있는 모양으로 봐 마치 소리가 담겨 있는 듯해 보였습니다. 그래서 작품의 이름을 「소리」라고 지었습니다. 일단 이름을 짓고 나니 정말 소리가 가득 담겨있는 듯 보였습니다. 귀가 아닌 눈을 통해 마음으로 들을 수 있는 소리가 진정한 소리라는 생각이 들었습니다.

그렇습니다. 내가 이름을 짓기 전에 그 작품은 단지 흙을 구워 만든 기둥에 불과했습니다. 내가 「소리」라는 이름을 붙여주었을 때 비로소 그 작품은 의미를 지닌 살아있는 작품이 된 것입니다. 김춘수 시인의 「꽃」이라는 시에 보면 이런 대목이 있습니다. "내가 그의 이름을 불러

주기 전에는 그는 다만/ 하나의 몸짓에 지나지 않았다// 내가 그의 이름을 불러주었을 때/ 그는 나에게로 와서/꽃이 되었다."는 시에서 이름의 중요함을 말해주고 있습니다. 모든 이름에는 그 나름대로 의미가 담겨 있습니다. '흙'이라는 이름에는 그 이름만으로 흙냄새가 나고 '풀잎'이라는 이름에는 그 이름만으로 싱그러움이 느껴집니다.

일찍이 하나님께서 흙으로 각종 들짐승과 공중의 각종 새를 만든 후 아담이 그것들의 이름을 지었는데(창세기 2:19) 하나도 허투루 지은 게 없습니다. 모든 동물들은 아담이 지은 이름에 걸맞게 살아가고 있습니다.

대게 우리의 이름은 부모가 지어준 것입니다. 그 이름에는 세상에서 훌륭한 사람으로 살아가라는 부모의 심정이 담겨 있습니다. 자동차 타이어를 파는 가게에서 "부모님이 지어준 이름을 걸고 정직하게 팔겠습니다."라는 걸개를 본 적이 있습니다. 타인의 이름이 아닌 자신의 이름을 불러보십시오. 그리고 자신의 이름이 갖는 의미를 찾아 살아가십시오.

'욕표' 이야기

보릿고개가 있던 가난한 시절 이야기입니다. 어른, 아이들 할 것 없이 '밴또'니 '다꾸앙'이니 하는 일본말을 스스럼없이 쓰는가 하면 쌍스러운 욕설을 습관처럼 입에 달고 살았습니다. 가난과 무질서 속에 일상의 언어까지 이 지경이었으니 일제강점기와 6.25동족상잔의 상처가 언어에 깊이 배어있었습니다.

이 시절 우리학교에 사범학교를 갓 졸업한 선생님 한 분이 아이들의 쌍스러운 말투를 고쳐야겠다고 생각하셨습니다. 그는 조그마한 종이에다 자신의 목도장을 찍어 한 사람당 스무 장쯤 나누어주고는 만일 욕설을 하게 되면 상대방에게 한 장씩 **빼앗기게** 했습니다. 스무 장을 다 **빼앗기면** 벌을 받도록 하는 새로운 교육 방법이었습니다. 이 표를 우리는 '욕표'라고 불렀습니다. 언어를 순화시켜 보려는 선생님의 아이디어 결과로 일 년쯤 뒤에는 놀랍도록 고운 말 사용이 늘어나게 되었습니다.

지금 우리는 민주주의의 꽃이라는 '선거'를 눈앞에 두고 있습니다. 그런데 후보들이 주민을 위해 좋은 정책대안을 제시하지 못하고 상대방을 헐뜯는 인신공격을 하는 것을 보면 우리의 낮은 정치 수준을 보는 것 같아 부끄럽습니다. 학연, 지연을 따라 지지후보를 결정하는 국민들도 부끄럽기는 마찬가지입니다. 특히 기독교인 중에는 어떤 후보가 교인인가에 따라 선택을 하는 것을 보면 더욱 부끄럽습니다.

　이런 때 '욕표'의 아이디어를 생각해 봅니다. 상대 후보를 헐뜯는 후보에게서 '욕표'를 빼앗듯이 표를 주지 않는 것입니다. 학연, 지연, 교연을 이야기하며 지지를 부탁하는 후보에게서도 '욕표'를 빼앗듯이 표를 주지 않는 것입니다. 이러한 욕표운동은 혼탁한 선거 분위기를 바꾸는 데 큰 도움이 될 것입니다. "나는 너희에게 이르노니 형제에게 노하는 자마다 심판을 받게 되고 형제를 대하여 라가라 하는 자는 공회에 잡히고 미련한 놈이라 하는 자는 지옥 불에 들어가게 되리라"(마태복음5:22)는 성경 말씀이 있습니다.

옷에 관한 단상

　손자가 할아버지 옷이 입고 싶다 해서 안 입는 헌옷 몇 벌을 내주었습니다.

　예전에 아들은 내가 아끼던 새옷을 주었는데도 노티가 난다며 거절했는데 손자는 아주 만족해하며 옷을 챙겨 친구들과 외국여행을 떠났습니다. 원래 손자가 뭘 하든지 예쁘게 보이는 것이 할아버지의 마음인데 조부의 헌옷을 입고도 즐거워하는 손자의 모습이 여간 예쁜게 아니었습니다.

　헌책은 내가 읽었기에 애정이 더하며, 헌 신발은 내가 신었기에 새 신발보다 편합니다. 옷 역시 헌옷을 함부로 버리지 못하는 이유는 비록 사물이지만 내가 입어 정이 들었기 때문입니다.

　세상의 모든 헌 것은 사람의 손때가 묻어 있기에 새것에 견줄 수 없게 정이 느껴집니다. 나는 틈이 나면 주변 아파트 동네를 돌며 쓰다 버린 것들을 주어다가 손질을 하고 색칠을 해서 즐겁게 사용합니다.

그런 물건마다 내가 알 수 없는 누군가의 삶의 이야기가 담겨 있습니다. 그들이 버린 물건을 내가 다시 사용하는 것은 그들의 이야기에 내 삶의 이야기를 얹는 철학적 사유가 담겨있습니다.

옷장을 열면 나는 새 옷이 없습니다. 보통 십수 년 전에 산 것들이거나 오래된 것은 몇십 년 전에 산 것들입니다. 그런데 손자가 내 옷장을 열어보고는 무슨 보물창고라도 보는 듯 탄성을 지르며 할아버지의 헌옷을 입어보고 싶어 할 때, 헌옷이지만 버리지 않고 잘 간직했다는 생각이 들었습니다.

겉 사람이 입는 겉옷은 사람의 모습을 드러내는 중요한 수단이라면 속사람이 입는 속옷은 삶의 방향과 인격을 결정짓습니다. 따라서 선각자의 경험과 지혜를 내 것으로 받아들이는 것도 그분들의 헌옷 한 벌을 얻어 입는 것과 같습니다.

손자가 여행에서 돌아오면 옷에 관해 이야기를 나누려고 합니다. 특히 "예수 그리스도로 옷을 입으라."(로마서13:14)는 말씀을 토대로 대화를 가져보려고 합니다.

그리스도로 옷을 입었을 때만 젊음의 정욕과 허탄한 육신의 근심에서 벗어날 수 있다는 내용을 말해주려고 합니다.

손자가 친구들에게 자신이 입고 있는 옷이 조부의 옷이라고 자랑을 하는 것을 넘어 자신의 옷이 예수 그리스도라는 것을 자랑할 때를 기대해 봅니다.

"비판하지 말라"

만일 하나님께서 우리의 생각과 행위를 저울에 올려놓거나 자로 잰다면 벌을 면할 자가 없습니다. 그 죗값은 사망입니다. 그러기에 예수 그리스도의 죽음은 하나님의 저울의 추를 '사랑'으로 바꾸었으며, 하나님 자[척]의 눈금에 '용서'라는 글자를 새겨놓으셨습니다. 우리는 그것을 '사랑의 확증'이라 부릅니다. "우리가 아직 죄인 되었을 때 그리스도께서 우리를 위하여 죽으심으로 하나님께서 우리에 대한 자기의 사랑을 확증하셨느니라."(로마서5:8)

하나님께서는 우리에게 사랑의 증표로 심판의 저울과 심판의 자를 버리셨습니다. 그런데 우리는 어떻습니까? 우리는 그 마음에 저울과 자를 가지고 형제를 비판합니다. 우리의 저울은 자비가 없으며 우리의 자는 관용이 없습니다. 간곡하게 권면하건데 형제를 비판하는 저울과 자를 버리십시오. 이것이 믿음의 첫 관문입니다.

율법이 있는 곳에는 자유가 없습니다. 예수님은 죽음으로 율법의 완성자가 되시고 우리를 죄로부터 자유롭게 하셨습니다. 주님은 율법의 자리에 사랑을 두시고 "서로 사랑하라"고 말씀하셨습니다. 만약 율법이 살아있다면 예수님의 죽음은 의미가 없습니다. 만약 우리의 마음에 형제를 비판하는 기준이 존재한다며 우리는 예수님과 무관한 사람입니다. 예수님과 무관하다면 바로 믿음이 없는 사람입니다.

예수님은 우리에게 산을 옮길만한 능력을 바라는 것이 아니라 사랑을 원하십니다. 입에 붙어 있는 천사의 말보다는 사랑을 원하십니다. 예수님을 구주로 믿는다면 그 증거를 보이십시오. 그 믿음을 보이십시오. 믿음이 있고 없음은 교회 출석을 잘하느냐 못하느냐, 연보를 잘하느냐 못하느냐, 기도를 잘하느냐 못하느냐로 가름하는 것이 아니라 예수님의 사랑이 마음에 충만한가, 아닌가에 있습니다. 주님은 지금 뉘우치는 나의 눈물을 보시기를 원하십니다.

정직이 자산입니다

나는 "늘 정직하라"는 어머니의 말씀을 양식처럼 먹고 자랐습니다. 나 또한 자식에게 그리고 손자에게 "늘 정직하라"고 가르치며 살아왔습니다. 정직한 마음을 다른 말로 하면 '양심'이라 합니다. 양심은 자신을 세우고 있는 기둥과도 같아서 양심이 무너지면 자신의 주체가 무너지고 맙니다.

사람은 혼자 있을 때는 정직합니다. 그러나 속임은 타인과의 관계에서 나타나게 됩니다. 정직으로 무장된 사람은 부지불식간에 저지른 자신의 작은 거짓에도 괴로워합니다. 자신이 이것밖에 되지 않나 하는 자괴감에 힘들어합니다.

이 세상에는 선한 거짓은 존재하지 않습니다. 사탄은 부정직함을 선한 거짓이라며 우리의 귀에 속삭입니다. 속지 마십시오! 사탄의 유혹은 에덴동산에서 첫 사람 아담이 속았던 것으로 충분합니다. 더는 속지 마십시오!

이솝의 우화 중에 금도끼, 은도끼 이야기가 있습니다. 어느 날 나무꾼이 실수로 강에 자신의 쇠도끼를 빠뜨리고 울고 있을 때 신화 속의 신 헤르메스가 강에 뛰어들어 은도끼와 금도끼를 차례로 꺼내 들고 나무꾼에게 묻습니다. "이것이 네 것이냐?" 그런데 나무꾼은 자신의 쇠도끼를 보고서야 "그것이 제 것입니다"라고 말합니다. 가난한 나무꾼이 금은보화 보다 자신의 양심을 선택했다는 교훈적 이야기입니다.

우리 앞에 물질은 보이지만 양심을 보이지 않기 때문에 쉽게 거짓이라는 유혹에 넘어가는 일이 있습니다. 그럼으로써 우리는 깨어 이렇게 기도해야 합니다. "하나님이여 내 속에 정한 마음을 창조하시고 내 안에 정직한 영을 새롭게 하소서"(시편 51편 10절)

"정직하라"고 말하기는 쉽습니다. 그러나 정직은 항상 행동으로 증명되는 양심의 열매입니다. 그러기에 내가 자식이나 손자에게 "늘 정직하라"고 말하는 것은 내 자신에게 "늘 정직하자"는 다짐이기도 합니다. 그리스도인의 참모습은 정직함에 있으며 이것이 신앙의 자산입니다.

하나님이 걸어 놓은 꽃등

산수유가 피고 나면 복사꽃, 개나리, 목련이 앞다투어 피기 시작합니다. 물론 봄이라서 꽃이 핍니다만 꽃 한 송이, 한 송이를 하나님이 어루만져 피우신다 생각하면 훨씬 더 하나님을 가깝게 느낄 수 있습니다.

나는 백목련을 보면 그 꽃봉오리가 마치 등불처럼 느껴집니다. 하나님이 내다 건 등불처럼 보입니다. 하나님은 이른 봄부터 분주히 다니시면서 꽃등을 밝히십니다. 큰집 마당이나 작은 집 마당이나, 큰길이나 골목길이나 거르지 않고 꽃등을 걸어 놓으십니다. 사람들이 꽃등을 보고, 제 마음이 밝기를 소원하여 가지마다 꽃등보다 더 많은 등을 내다 걸며, 어떤 것은 사랑이라 이름 짓고, 어떤 것은 행복이라 부르며 제 마음을 밝힙니다.

천지에 꽃등 환히 밝으면, 봄 가고 꽃등 사그라질 염려를 하게 됩니다. 세상을 꽃등으로 밝히시는 하나님도 가끔은 외로워서 밤이면 빈 가지마다 별들을 매달아 놓고 홀로 밤을 지새웁니다.

나는 풀잎 끝에 맺힌 하찮은 이슬방울을 보면서도 아이에게 이렇게 말해주고 싶습니다. "아가야, 풀잎 끝에 대롱거리는 이슬방울은 물방울이 아니란다. 풀잎의 열매란다. 열매 맺기를 간절히 바라는 풀잎의 기도를 하나님이 들어주셨기에 잠시지만 세상에서 가장 영롱한 빛깔의 열매를 맺고 있는 것이란다. 세상에서 천대받은 식물이라서 가끔은 열매 맺도록 하나님이 은총을 내리시는 것이란다."

자연에서 하나님의 손길을 느낄 수 있는 마음은 아름답습니다. 하나님은 당신의 피조물을 통해 당신 자신을 나타내시기 때문입니다.

은혜입니다

어떤 사람이 신발을 잃어버리고 불평을 하다가 길에서 발이 없는 사람을 만났습니다. 발이 없는 사람이 환하게 웃고 있는 모습을 보면서 신발 때문에 불평했던 자신이 한없이 부끄러웠습니다.

사람들이 감사할 줄 모르는 까닭은 자신보다 못한 처지에 놓인 사람을 보는 것이 아니라 자신보다 나은 처지에 있는 사람을 보기 때문입니다. 자신보다 나은 처지에 있는 사람을 보면 감사를 잃어버립니다.

늘 차를 타고 다니는 사람보다 차가 없어 걷는 사람이 더 건강합니다. 지식이 많은 사람보다 배움이 없어도 지혜로운 사람이 삶을 풍요롭게 가꿉니다. 자식이 없으면 걱정거리가 줄고 자신의 외로움을 남에게 의탁하지 않습니다. 좋은 직장은 자유를 앗아갑니다. 곧 평생을 직장과 집을 오가다가 늙어버립니다. 뮤직홀에서 오케스트라의 비싼 연주가 아니어도 시골의 촌부는 그보다 훨씬 살아있는 물소리, 바람 소리, 새소리를 거저 듣습니다. 욕심의 어른들은 돈을 세며 병들어 가지만 어린아이들은 밤하늘의 별을 세며 꿈을 꿉니다. 이 같은 깨달음은 낮은 데로 내려왔을 때만 보입니다.

"범사에 감사하라. 이는 그리스도 예수 안에서 너희를 향한 하나님의 뜻이니라."(데살로니가후서1:3) 말씀처럼 하나님의 뜻은 모든 일에 감사하는 데 있습니다. 그런데 감사에 대한 오해가 있습니다. 우리는 "하나님 감사합니다."는 상투적인 말로 모든 것을 끝내는 잘못을 하고 있습니다. 감사는 말에 있지 않고 행동을 수반합니다. 곧 하나님께 감사는 사람에게 감사로 나타나야 합니다. 때론 사랑으로, 때론 기도로, 때론 고백으로 드러나야 합니다.

이것이 은혜입니다. 은혜가 아니고는 불가능한, 오직 그리스도 예수 안에 있는 자에게 나타나는 감사에 대한 반응입니다.

감사는 어떠한 보응에 대한 반응이 아닌 존재 그 자체에 대한 표현이며 반응입니다. 이것이 바로 하나님의 은혜입니다.

살아 순교하는 믿음

순교라는 말에서 결연함, 장엄함, 위대함을 느끼게 됩니다. 대의를 위해 목숨을 내어주는 것만큼 용기 있는 일은 없기 때문입니다. 종교가 보편화되어 있는 현대사회에서 예수님 때문에 목숨을 내놓는 일은 별로 없으므로 순교의 기회를 얻기란 어렵습니다. 그런데 순교의 의미가 꼭 죽음만을 말하는 것은 아닙니다. 죽지 않고 살아 순교하는 삶이 있기 때문입니다.

예수님의 가르침에 따라 살아가는 것이 곧 살아 순교하는 믿음입니다. 생각해 보십시오. 서기관과 바리새인은 율법을 지키지 않는다고 예수님을 핍박했습니다. 제사장들은 하나님을 망령되게 한다며 예수님을 십자가에 못 박았습니다. 그런데 예수님은 율법보다는 묵묵히 사랑을 실천하셨으며 땅 위에 사람을 돌보는 것이 곧 하나님을 사랑하는 것이라고 말씀하셨습니다. 오른편 뺨을 때리거든 왼편 뺨까지 내어주고, 겉옷을 원하는 자에게 속옷까지 벗어주며, 꾸고자 하는 자에게 거절하지 말고, 원수를 사랑하라고 말씀하십니다.

여러분은 지금 교회 안에서 법을 말하지는 않습니까? 법은 형제를 정죄하지만 은혜는 모든 허물을 덮습니다. 여러분은 자신의 뺨을 내어주기보다는 형제의 뺨을 후려치지는 않습니까? 무엇을 기도하십니까? 산을 옮길만한 능력을 구하지 마십시오. 예수님의 가르침을 실천하고자 하는 믿음을 구하십시오. 이 믿음을 위해 매 맞고, 헐벗고, 낮아지기를 구하십시오. 살아 순교하기를 구하십시오.

교회에는 여러 직분이 있습니다. 이 직분은 그리스도의 충성된 종으로 믿음 생활을 하려는 굳은 결심 없이는 감당할 수 없습니다. 성경은 목사와 장로와 집사의 자격으로 일구이언하지 아니하고, 돈을 사랑하지 아니하며, 깨끗한 양심과 믿음의 비밀을 가진 자라야 한다고 말씀하고 있습니다(디모데전서3장). 우리는 그리스도의 말씀 앞에 순한 양처럼 고요히 엎드려 자신을 돌아봐야 합니다. 주님을 위해 핍박받는 일 외에는 어떤 일로도 핍박받거나 핍박하지 마십시오.

황톳길에서

동네 근처에 수목원이 있습니다. 그곳에는 하늘을 향해 곧게 뻗은 메타세쿼이아 가로수 아래로 붉은 황톳길이 있습니다. 수목원 측에서 맨발로 산책할 수 있도록 마련해 놓은 길입니다. 길이 시작되고 끝나는 지점에는 발을 씻을 수 있는 우물이 있고 산책로 초입에는 맨발 걷기가 심장과 수면에 도움이 된다는 안내판이 있습니다. 나는 발바닥에 느껴지는 감미로운 흙의 감촉이 좋아서 매일 그 길을 맨발로 산책하곤 합니다.

어느 날 맨발로 걷는 나를 본 꼬마애가 제 엄마에게 말합니다. "엄마, 나도 맨발로 걷고 싶어요." 아이의 말에 엄마가 단호하게 반응을 합니다. "안 돼! 발에 흙이 묻으니까 안 돼!" 아이는 울상이 되어 맨발의 나를 부러운 듯 바라봅니다. 흙 묻은 발은 물로 씻으면 되는 건데 속 좁은 아이 엄마가 얄밉게 느껴집니다.

혹시 여러분도 발에 흙이 묻으면 안 된다고 생각하지는 않습니까? 발에 흙이 묻었다고 야단을 치지는 않습니까? 흙을 밟고 걸으면 발에 흙이 묻듯, 세상을 사는 우리에게는 죄와 허물이 있기 마련입니다. 황톳길 끝에 이르면 발을 깨끗하게 씻듯이 우리는 하루를 살고 나면 하루 분량만큼의 죄와 허물을 뉘우치고 기도를 하게 됩니다.

흙을 묻히지 않기 위해 걷지 않는 것은 마치 허물과 죄가 두려워 삶을 포기하는 것과 같습니다. "오호라 나는 곤고한 사람이로다. 이 사망의 몸에서 누가 나를 건져 내랴"(로마서 7:24)라는 삶의 탄식에 "허물로 죽은 우리를 그리스도와 함께 살리셨고 은혜로 구원을 얻은 것"(예배소서 2:5)이라고 성경은 말씀하고 있습니다.

교회는 천사가 오는 것이 아닙니다. 자신의 허물을 자각하는 죄인들이 오는 것입니다. 그러므로 성경은 "죄가 더 한 곳에 은혜가 넘친다."(로마서 5:20)고 말씀하고 있습니다. 나는 황톳길을 걸으면서 여러분에게 간곡하게 부탁합니다. 남의 발에 묻은 흙을 탓하지 마십시오. 당신이 아니고 주님의 은혜가 깨끗하게 씻겨 주십니다.

"잊혀질 권리"

친하게 지내던 시인 한 분이 세상을 떠난 후 그의 아내가 남편의 컴퓨터에 저장된 미발표 시를 모아 유고집을 출간했습니다. 그 유고시집의 책제목이『잊혀질 권리』였습니다.

그가 세상을 떠난 지 몇 해가 지났는데도 시인들이 모이면 꼭 그분의 이야기를 하곤 합니다. 그가 남긴 주옥같이 아름다운 시와 시인다운 맑은 삶과 세상을 바라보는 고운 시선과 그가 지향했던 인간 사랑의 사유 등 그에 관한 많은 일화가 대화의 중심을 이루곤 했습니다. 시인들 사이에서 그는 오랫동안 잊히지 않고 회자되었으니 미망인인 그의 아내가 사람들로부터 들어야 했을 남편에 관한 회상과 추억은 얼마나 많았겠습니까? 그녀에게 그것은 오히려 망각해야 할 슬픔을 반추시키는 일이 되었을 것입니다.

마침내 그녀는 남편의 유고집『잊혀질 권리』를 시인들에게 보냈는데 그 의미가 제발 이제는 잊혀달라고 부탁을 하는 것 같았습니다.

사람들은 잊히는 것을 두려워합니다. 정치인이나 연예인들은 잊히지 않으려고 부단히 이슈를 만들어 냅니다. 세상에 많은 노래가 잊지 않겠다고 말하는가 하면 잊히지 않기 위해 사진을 찍기도 하고 편지를 쓰기도 합니다. 이별 앞에서도 사람들은 죽어도 안 잊겠다는 거짓맹세를 하며 헤어집니다.

우주에서 보는 지구는 티끌같은 크기이며 지구에 몸담은 우리는 티끌보다 작은 미미한 존재에 불과합니다. 그리고 그 생의 길이는 너무 짧아서 순식간에 지나갑니다. 그런데 우리는 찰나의 만남과 찰나의 추억과 찰나의 기쁨이 잊히는 것을 못 견뎌 합니다.

또 우리는 내게 상처를 준 사람에 대한 분노와 증오와 미움과 원망을 잊지 않고 기억합니다. 바로 이런 것들이 잊히지 않고 그대로 남아 있기에 사랑과 헌신과 기쁨이 그 마음에 자리를 잡지 못합니다. 우리는 지난 것들을 잊을 때 비로소 새로움을 경험할 수가 있습니다. 예수로 인해 새로워지는 삶을 성경은 거듭남이라고 말씀하고 있습니다.

기억과 망각

우리가 체험한 모든 것은 기억 아니면 망각 속에 있습니다. 기억할수 있는 것도 하나님의 은혜지만 망각할 수 있다는 것은 더 큰 은혜입니다. 만약 우리가 체험한 큰 슬픔들이 잊히지 않고 그대로 가슴속에 남아 있다면 견디기 어려워서 도저히 살 수가 없을 것입니다.

기억해야 할 것은 은혜, 감사, 자비, 용서, 기쁨과 같은 것들이며 망각해야 할 것은 분노, 슬픔, 괴로움, 원통함, 상처와 같은 것들입니다. 사람이 망가지는 이유는 외부적 요인에 의해서가 아니라 자신의 마음에 남아있는 나쁜 그림자 때문입니다.

신구약 성경에는 "기억하라"(Remember)라는 내용이 무려 268번이나 나오는데 모두가 축복의 말씀들입니다. 바로 성경이 말하고 있는 '기억의 삶'을 사는 사람은 감사할 줄 아는 사람이며 행복한 사람입니다. 자칫 우리는 교육을 통해 성품이 선하게 바뀌고 훌륭한 사람이 되는 것으로 오해하고 있습니다. 하지만 사실은 하나님과 사람들로부터 받은 은혜와 감사를 잊지 않고 사는 사람이 선한 사람이며 훌륭한 사람입니다.

"주 안에서 기뻐하라 내가 다시 말하노니 기뻐하라"(빌립보서 4장4절)는 말씀은 오늘 교회공동체가 꼭 받아들여야 할 귀한 권고라 생각합니다. 교회공동체의 참다운 모습은 바로 '기뻐함'에 있습니다. 우리가 기뻐하지 못하는 이유는 교우들 간에 망각해야 할 것들을 망각하지 않고 지니고 있기 때문입니다. '말을 통한 상처' '섭섭함' '무심함' '좋지 않은 기억' 등과 같은 하찮은 것들이 잊히지 않고 머릿속에 남아 있기에 기뻐하지 못합니다.

이럴 땐 망각을 소원하는 기도가 필요합니다. 우리 고백공동체가 기쁨으로 충만해 있다면 빈자리와 관계없이 은혜가 충만한 교회가 됩니다. 쉽게 말하자면 "좋은 것은 기억하고 나쁜 것은 잊어버리자"는 말씀입니다.

칭찬 저금통

    사람이 다른 동물과 다른 점은 말을 할 수 있다는 점입니다. 대부분의 포유류 동물이 식도가 발달하여 있는 것과는 달리 사람은 기도와 식도가 놀라울 만치 균형을 잘 이루고 있다고 합니다. 동물이 먹이를 먹는데 대부분의 시간을 보내는 데 반해 사람은 말을 하는데 대부분의 시간을 보내는 것을 보면 사람이 어떻게 살아야 잘 사는 것인가를 알 수 있습니다.

    사람은 말로 천 냥 빚을 갚을 수 있는가 하면 말로 사람을 죽이기도 합니다. 말에는 사람의 마음을 사고도 남을 만한 마력이 있는가 하면 날이 선 칼날이나 독이 묻어있는 화살 같이 위험천만한 도구가 되기도 합니다. 그래서 혀는 뼈가 없지만 뼈를 부러뜨릴 수 있다는 말을 합니다.

    탈무드에 이런 말이 있습니다. "험담은 살인보다 위험하다. 살인은

한 사람만을 죽이지만 험담은 반드시 세 사람을 죽인다. 곧 험담을 퍼트리는 사람과 그것을 부정하지 않고 듣고 있는 사람과 험담의 대상이 된 사람이다"

칭찬하기를 좋아하는 사람을 보면 저 사람은 어디에서 나를 칭찬하겠지 하는 믿음이 생기지만 남의 흉을 보는 사람을 보면 저 사람은 어디에서 내 흉도 보겠구나 하는 불신이 생깁니다.

성경은 "만일 말에 실수가 없는 자면 곧 온전한 사람이다"(야고보서 3:2)라고 말씀하고 있습니다. 야고보서 2장은 계속해서 한입으로 하나님께 찬송과 사람에 대한 저주가 있어서는 아니 된다고 말씀하고 있습니다. 찬송하는 입은 마땅히 칭찬으로 가득해야 합니다.

올해는 그리스도 안에서 형제 된 우리가 칭찬으로 혀와 입을 깨끗하게 함으로 하나님을 향한 찬송이 진정으로 열납 되었으면 좋겠습니다. 칭찬은 빠른 전파력과 울림이 있어서 한 마디를 칭찬하면 열 마디의 칭찬이 내게 돌아옵니다. 오늘부터 각자 칭찬저금통을 하나씩 가져봅시다. 칭찬으로 가득 찬 저금통을 보신 주님이 잘했다 칭찬하실 것입니다.

편안한 잠

어젯밤에는
내 어릴 때처럼
어머니 곁에 누워
하릴없이 천장이나 바라보고 있는데
어미 제비가 먹이를 물어다
제 새끼의 입에다 넣어주듯이
꼭 그렇게
어머니는 내게 맛있는 이야기를
먹여 주셨다
인자 갯부닥에 쭉발이 뻘건 논게는 없을 것이다이
―한 입 받아먹고
우리 밭꼬랑에는 냉이가 많았어야
―또 한 입 받아먹고
옛날에는 추었어야 생솔쩌다 불 때면
냉갈 땜새 눈 못 떴어야

-졸리면서 또 한 입 박아먹고
아스라한 이야기
가물가물 받아먹으며
어젯밤에는 참 편안하게 잠을 잤다.

- 김상현, 「편안한 잠」 전문

위 「편안한 잠」이라는 시는 병석에 누워계신 어머니의 방에서 그분과 나눈 대화를 그대로 시로 옮긴 것입니다. 말의 의미를 알면 전라도 사투리가 더 감칠맛이 있습니다.

나는 훈련된 머리로 시를 만들어 내지만 어머니께서 하시는 모든 말씀이 시가 됩니다. 내가 그분의 방에 있으면 그분은 온종일 시를 깻단에서 참깨를 털 듯 쏟아 놓습니다.

병석에 오래 계셔서 방안에 역한 냄새가 나지만 그것은 나를 키우신 당신의 몸에서 나는 향기입니다. 잠이 안 오는 날에도 나는 어머니의 지난 인생이 베인 이야기를 듣고 있으면 스스로 잠이 들게 됩니다. 어머니의 이야기는 곡조가 없는 지상에서 가장 아늑한 자장가입니다. "여호와께서 그 사랑하시는 자에게는 잠을 주셨느니라."(시편127:2)는 말씀이 어머니 곁에서 늘 이루어졌습니다.

오월은 어버이 주일이 있는 달이라서 오래전에 소천하신 어머니가 그립습니다. 어머니가 계셨다면 지금도 아무 근심 걱정 없이 편안하게 잠이 들 수가 있었을 것입니다.

공깃돌놀이

요즘 아이들은 스마트폰을 손에서 떼어놓지 못하고 들고 다니지만 예전에 아이들은 공깃돌과 친했습니다. 특히 공깃돌놀이는 친구들과 여럿이서 할 수 있어서 놀이를 통해 서로 친해질 수 있어서 비록 자그마한 돌멩이에 불과하지만, 그 가치는 스마트폰과 비교할 수 없을 정도로 당시의 아이들에게는 유용했습니다.

공깃돌놀이는 다섯 개의 공깃돌을 손등에 올렸다가 다시 던져 움켜잡는 놀이인데 유년 때의 나는 다른 아이들에 비해 손놀림이 우둔해서 겨우 하나나 둘을 움켜잡을 수 있었습니다. 그런데 나는 돌 하나를 움켜잡고도 무척 좋아했습니다. 땅에 떨어진 네 개의 돌을 아쉬워하기보다 손안에 있는 돌 하나를 소중하게 여겼습니다.

공깃돌놀이를 통해 비록 작은 것이라도 내 것이 소중하다는 것을 배웠습니다. 내 것이 아닌 것은 부러워하지 않았습니다. 또 하나의 교훈은 땅에 떨어진 공깃돌이나 손안에 있는 공깃돌이 한낱 돌에 불과하다는 사실입니다. 놀이가 끝나면 공깃돌을 마당에 내버려둔 채 모두 빈손으로 집으로 돌아갑니다.

세상 이치가 이와 같습니다. 소중하게 여기던 소유, 우리가 부러워했던 세상의 부귀영화, 추구했던 명예나 지식이 마치 공깃돌과 같아서 이 세상에 살 때만 필요로 할 뿐 세상을 떠나게 될 때는 모두 두고 가게 됩니다.

전도서 저자는 "내가 해 아래서 행하는 모든 일을 본즉 다 헛되어 바람을 잡으려는 것이로다"(전도서1:14)라고 말하고 있습니다. 돌멩이 몇 개를 움켜쥐고서 즐거워하는 인간의 삶이 하나님의 눈으로 보면 우스꽝스러울 것입니다. 이것이 신앙의 눈으로 보면 바람을 잡으려는 헛된 수고에 불과하기 때문입니다.

매미 소리

입추가 지났는데 아직 매미가 자지러지게 웁니다. 온몸으로 우는 매미를 보면서 마태복음 5장에 있는 "애통하는 자는 복이 있나니 저희가 위로를 받을 것이다."는 예수님의 가르침이 떠올랐습니다.

성경의 '애통'이란 단어가 무엇을 두고 하신 말씀인가를 생각하게 됩니다. 분명한 것은 무엇을 먹을까, 무엇을 마실까, 몸을 위하여 무엇을 입을까 하는 땅에 것에 관한 애통함이 아니라 영혼의 애통함을 말씀하고 있다는 사실입니다.

다시 매미 소리가 애절하게 들립니다. 매미는 두 주간밖에 살 수 없기에 자신의 짧은 생애가 덧없음을 한탄하며 우는 것인지 아니면 흙 속에서 꿈꿔왔던 바깥세상이 생존경쟁의 치열한 사투장임을 보고 실망해서 우는 것인지 그것도 아니면 더 높이 날 수가 없다는 생의 한계를 두고 서럽게 우는 것인지 나로서는 알 수 없지만 온몸으로 웁니다.

영혼의 애통함이 없이 위로를 받을 수 없다는 예수님의 말씀 앞에 자질구레한 육신의 일로 애통했던 자신이 부끄럽기만 합니다. 지식의 보다 넉넉함을 위해, 생활의 보다 풍요함을 위해 살아온 일상을 위해 영혼의 굶주림을 외면해 버린 자신이 부끄럽기만 합니다. 사회의 규범과 교회의 교리에 충실해지려 했지만 정작 자신의 영혼을 향해 걸어 들어가기를 주저했던 일들이 부끄럽기만 합니다.

지상의 천국을 꿈꾸는 자본주의 사회에서 지금 예수님은 영혼이 애통하는 자를 찾고 있습니다. 홀로 우는 매미처럼 어두운 영혼의 자아를 쓰다듬으며 홀로 울고 있는 자를 찾고 있습니다. 매미 소리가 묵시처럼 들리는 한낮에 조용히 무릎을 꿇습니다.

선택의 기준

인생에서 선택만큼 중요한 일은 없습니다. 사람은 어떠한 선택을 하느냐에 따라 인생의 행로가 달라집니다.

혁명가 '체 게바라'는 "인간은 물질적 굶주림 보다 인간의 존엄성에 더욱 굶주려있다."는 말에 영향을 받아 의료가방 대신에 폭탄이 든 가방을 들고 고통받는 민중의 편에 섰습니다.

최초로 대서양과 태평양을 돌아 지구가 둥글다는 것을 확인해 보인 포르투갈의 항해사 '마젤란'은 탐험가가 아닌 한낱 향신료를 취급하는 상인으로 생을 선택했습니다.

바울은 막강한 권력을 지닌 산헤드린이라는 신분을 버리고 예수의 제자가 되기 위해 스스로 고난의 길을 선택했습니다. 반면에 가룟인 유다는 예수와 제사장 사이에서 갈등하다가 예수를 밀고하는 잘못을 선택하였습니다.

이처럼 순간의 선택이 인생을 바꾸어 놓습니다. 인생이란 늘 무수한 선택 앞에서 결단을 해야 하고 보면 선택을 위한 기준이 필요합니다. 그 기준은 바로 "나는 누구인가?" 하는 물음입니다.

나는 그리스도인 인가? 이 물음 앞에 결단할 수 있다면 무엇이 되었건 용기 있게 선택하십시오. "나는 그리스도인 인가?" 하는 물음에 "그렇다"라고 답한다면 미움이 아니라 사랑을, 술수가 아니라 정직을, 분노가 아니라 온유를, 대립이 아니라 화평을 선택하지 않겠는지요.

성경은 "나는 네게 유익하도록 가르치고 너를 마땅히 행할 길을 인도하는 네 하나님 여호와라"(이사야 48:17)고 말씀하고 있습니다.

교회가 세상과 구별되지 않는 이유는 세상에 한 발, 그리스도께 한 발을 걸치고 있기 때문입니다. 여러분의 삶은 어떠한가요?

촛불의 의미

시인 괴테는 "하늘에는 별, 땅에는 꽃, 사람에겐 사랑"이 가장 아름답다고 말했습니다. 정의를 위해 불을 밝히는 수백만 군중의 촛불을 보면서 '사람은 저마다 불을 밝히는 아름다운 별이구나'하는 생각이 들었습니다.

아무리 짙은 어둠도 촛불 하나의 빛에 밀려나는 진리 앞에서 희망을 봅니다. 문득 애국가의 가사 한 소절 "하느님이 보우하사 우리나라 만세"가 떠올랐습니다.

시대의 어둠이 짙어 절망의 순간에 이 땅을 밝히는 등불은 언제나 민중이었습니다. 민중이 밝히는 촛불은 아름답고 거룩합니다. 고부에서 일어나 갑오년 농민혁명이 아름다운 역사의 횃불이었으며 기미년 3.1독립만세사건은 잃어버린 나라를 찾는 등불이었습니다. 자유당 독재의 어둠을 깨뜨린 4.19학생 봉기가 촛불이었으며 민주주의를 말살한 군부 쿠데타에 맞선 80년 5.18광주민주항쟁이 촛불이었습니다.

지금 거리에는 부도덕하고 부패한 정부에 맞서는 민초들의 촛불이 들불처럼 번져 이 땅에 때아닌 봄의 기운이 돌고 있습니다. 민초들이 어깨동무를 하고 덩실덩실 춤을 추는 축제가 벌어지는 거리에 겨울은 올 것 같지 않습니다. "사람이 등불을 켜서 말 아래 두지 아니하고 등경 위에 두어" 세상이 밝아지는 것을 목도하면서 내 안에 어둠을 밀어낼 촛불에 관해 묵상합니다.

촛불을 밝히지 않고는 영혼은 어둠 가운데 내버려져 있습니다. 기도하는 것도 예배드리는 것도 내 속에 어둠을 밀어내는 촛불을 밝히는 일입니다. 어떤 이는 바람에 꺼진 촛불에 다시 불을 붙이기 위해 눈물을 흘리고 또 다른 이는 바람에 꺼지지 않는 촛불을 위해 기도하기도 합니다.

혼밥

오래전에 김지하 시인의 사상을 엿볼 수 있는 "밥"이라는 소책자를 읽은 적이 있습니다. 밥은 생명을 의미하며 밥을 찬탈한 권력을 악이라 규정한 이 책은 유신군사독재 시절에 지식인들에게 적잖은 영향을 주었습니다.

보통사람들은 하루 세끼의 밥을 먹으며 그렇지 못한 사람을 빈민이라고 말합니다. 인간이 정신이라는 의식세계를 제외한다면 하루분의 끼니를 위해 동분서주하는 모습으로 보이기도 합니다.

가정의 기본적인 행복은 온 가족이 두레상에 둘러앉아 식사를 함께하는 데 있다고 합니다. 그러나 현실은 녹녹치가 않습니다. '저녁이 있는 삶'을 주장한 어느 정치인의 구호에서 가족이 해체된 현실을 실감하게 합니다.

요즘 유행하는 말 중에 "혼밥"이라는 말이 있습니다. "혼자서 먹은 밥상"을 뜻하는 이 말 속에는 현대인들의 고통이 그대로 들어 있습니다. 독방에 간힌 죄수들에게 물어보면 홀로 먹는 구메밥이 가장 견디기 어렵다고 합니다.

이유야 어떻든 혼밥을 먹는 사람들은 식탁의 차림과는 무관하게 버려졌다는 상실감과 함께 혼자라는 외로움을 감내해야 합니다. 그것은 죄수들이 받는 구메밥과 하등 다르지 않습니다.

가족을 위해, 누군가를 위해 밥을 짓고 반찬을 만드는 것은 가족을 사랑하기 때문이며 누군가를 사랑하는 마음이 있기 때문입니다. 혼밥을 먹는 사람은 편할지 모르지만 들어다보면 그 마음이 삭막하여 사랑이 없습니다.

서로 사랑하라고 말씀하신 예수님도 혼밥을 먹었다는 기록은 찾아볼 수 없습니다. 갈릴리바다에서 잡은 고기를 제자들과 함께 드신 일이며 세리장 삭게오의 집에서의 식사며 최후의 만찬에서 볼 수 있듯 예수님은 식탁의 공동체를 몸소 실천하셨습니다.

빈 그릇의 기쁨

레스토랑을 개업할 때만 해도 제가 주방에서 조리를 하리라고는 전혀 생각하지 못했습니다. 손님들은 마치 시음이라도 하려는 듯 차림표에 있는 열두 가지의 음식을 골고루 시키고 나는 시험을 치르는 학생처럼 어느 것 하나 재료를 빠뜨리지 않으려고 세심한 주의를 기울입니다.

손님들이 떠난 후 그릇에 음식이 남겨져 있으면 "음식이 짰을까? 맛이 없었을까?"하고 신경을 쓰게 되지만 깨끗하게 비운 그릇을 보면 "음식이 맛있었나 보다"하고 마음이 놓입니다.

제 인생에서 많은 사람들이 제가 만든 음식을 맛있게 먹어주었다는 일들이 '기억의 창고'에 새롭게 쌓일 것을 생각하면 즐거움이 앞섭니다.

나는 이 정성 들인 음식이 사람들의 미각만을 즐겁게 하는 것을 뛰어넘어 어떤 의미가 있기를 바라는 마음이 들었습니다. 그래서 그릇의 밑받침으로 사용하는 종이에 아래와 같은 시를 써넣었습니다.

이 식사는 우주의 일부분을 우리 몸속에 받아들이는 일입니다
저는 이 음식을 통해 당신께 우주에 견줄만한 제 마음을 그대로 드립
니다

당신과 제가 한 식탁에서 나누는 대화는
관용과 용서와 사랑이 담겨 있어 즐거우며
그 약속의 의미로 음식을 나눕니다.

한 잔의 찻잔에도 우주의 원소가
가득 담겨져 있습니다.
저는 우주의 향기에 버금가는 당신의 향기를
제 마음에서 그대로 느낍니다.

당신과 함께 있는 이 순간은 우주의 영겁 속에
한 조각 빛나는 시간입니다.
이 시간 속에 당신과 함께 있어 행복합니다.

— 김상현, 「식사의 초대」 전문

식사에 초대하고 초대받은 이들의 마음이 이 시와 같다고 믿는다면
그들은 평생을 함께하는 이웃이 될 것입니다.
손님이 떠난 후 음식을 비운 그릇을 보는 기쁨과 이 시를 가슴에 넣
어갔을 손님을 생각하면 행복해집니다.

자유로움에 관한 제언

나와 봐

어서 나와 봐

찔레꽃에 볼 비벼대는 햇살 좀 봐

햇볕 속에는

맑은 목청으로 노래하려고

멧새들도 부리를 씻어

들어 봐

청보리밭에서 노는 어린 바람 소리

한 번 들어 봐

우리를 부르는 것만 같애

자꾸만 부르는 것만 같애.

– 김상현, 「오월」 전문

한국대표현대시에 선정된 저의 짧은 시 「오월」 전문입니다. 꽃 피는

5월은 계절의 여왕이라고 부를 만큼 화사한 달이지요. 위 시는 웅크리고 있는 자아를 떨치고 밖으로 나올 때 비로소 새로운 세계를 체험할 수 있음을 말하고 있습니다. '갇혀있는 자아에서 자유로운 자아로 이동'을 권유하고 있다고 할까요.

진보는 낡은 보수의 틀을 깨고 새로움을 추구하는 것인데 바로 개혁종교인 우리의 개신교(protestant)가 끊임없이 추구해나가야 할 자세입니다. 진보적인 우리교회가 낡은 틀(형식)을 벗어나려는 노력을 해보면 어떨까요.

제 생각은 '우리 교단의 규칙이 그러하기 때문에, 다른 교회가 그러하기 때문에, 튀면 이상하게 보이기 때문에'라는 생각에서 과감히 벗어나는 것입니다. 예컨대 예수의 은혜에 감동되어 노래를 부르고 싶은 사람이면 누구라도 항시 성가대에 설 수 있다면 어떻습니까? 그 가락이 흑인영가이면 어떻고 우리의 가락이면 어떻습니까? 굳이 성가대원이 가운을 입지 않은 평상복 차림이면 어떻습니까?

자칫 영혼의 자유로움을 형식에 가두어 버리게 되면 습관적으로 교회당을 왔다 갔다 하는 종교인이 되고 맙니다. 자유로움 가운데 경건하며 형식이 없는 가운데 절제함을 유지할 수 있다면 이보다 더 좋은 예배는 없을 듯합니다. 예수님께서 완고한 유대사회의 율법을 깨고 진정한 자유를 찾아주었던 것을 상기하며 때 묵은 틀을 깨고 신앙의 본질에 머물 때 기쁨이 있지 않겠는지요.

찬송가 잘 부르기

구약 시편에 "셀라"라는 말이 나옵니다. 그 뜻은 '강하고 높게'라는 음악부호입니다. 문장의 끝 부분에 있는 "셀라"는 곧 강하고 높게 소리를 내서 끝맺음을 하라는 뜻이지요. 현대 음악부호로 표현하자면 '포르티시시모' 정도가 되겠습니다. 시편이 기록된 시대에는 현대와 같이 음악부호가 없어서 구전되던 히브리민족의 고전 가락에 맞춰서 불렸으니 음악부호와 음표가 있는 현대를 살아가는 우리들이야 얼마나 다행스러운지 모를 일입니다.

특히 찬송가에는 작곡자와 작사자 외에도 곡의 빠르기까지 친절하게 안내되어 있습니다. 그런데 우리는 작곡자와 작사자의 의도와는 상관없이 천편일률적으로 마치 군가처럼 부르거나 느리게 불러야 할 곡도 손뼉을 치며 빠르게 부르기도 합니다.

찬송가를 살펴보면 상단에 메트로놈의 속도를 가리키는 숫자가 있는데 44~58은 느리게, 60~69는 조금 느리게, 72~92는 보통으로,

96~112는 조금 **빠르게**, 116~140은 **빠르게** 불러야 한다는 표시입니다.

찬송가에는 말미에 '아멘'이 있는 것과 '아멘'이 없는 것이 있는데 간구와 같은 내용은 '아멘'이 있고 결심, 다짐과 같은 내용에는 '아멘'이 없습니다.

또한 찬송가는 각 소절마다 독립된 가사도 있지만 마지막 소절까지 불러야 비로소 기승전결이 완성되는 가사도 많습니다. 예컨대 시간이 없다며 "내 주는 강한 성이요"(585장)을 1절만 부르고 말면 사탄찬양이 되어버립니다. 물론 가사가 잘못 번역된 부분도 없지 않습니다. 예컨대 "우리들이 싸울 것은"(350장)의 후렴 부분 "악한 마귀 군사들과 힘써 싸워서"는 마치 마귀 편에 가담해 마귀는 돕는다는 오해를 불러올 수 있습니다. 이 부분은 "악한 마귀 군사들을 대적하여서"로 고쳐 불러야 할 것입니다.

찬송을 은혜롭고 잘 부르려면 먼저 가사의 의미를 잘 살려서 기도와 간구는 간절하게, 축복과 감사는 즐겁게, 소명과 헌신은 다짐하는 마음으로 부르면 좋을 듯합니다.

빨갱이와 우익꼴통

그는 나보다 아홉 살이나 위입니다. 너그럽고 자상하고 변함이 없는 성품이 좋아서 나는 오랫동안 그와 가깝게 지내고 있습니다. 그런데 현실을 보는 정치적 견해가 너무나 달라서 싸움 아닌 말다툼을 할 때가 종종 있습니다. 말다툼은 종국에는 상대를 벼랑 끝에 세우게 됩니다. 그가 진보적 사유를 가지고 있는 나를 '빨갱이'라고 몰아세우면 나는 보수의 가치를 추구하는 그를 '우익 꼴통'이라고 쏘아붙입니다. 그리고 돌아서서 각자 집으로 가버립니다. 그런 일이 있고 나서도 만 하루가 지나기 전에 그가 내게 전화를 해오던지 내가 그에게 연락을 합니다.

그와 나는 산길을 함께 걷거나 동네를 산책하기도 합니다. 천문학에 관한 그의 다식한 이야기에 매료되기도 하고, 나는 시문학에 관한 이야기를 그에게 들려주기도 합니다. 그러다가도 정치 분야로 이야기가 옮겨붙으면 여지없이 '빨갱이'와 '우익꼴통'으로 서로를 매도하며 등을 보이고 맙니다.

그런데 나이 여든의 문턱에 와 있는 그가 몸이 아프면 어린아이처럼 내게 전화를 해옵니다. 나 역시 무슨 문제가 있으면 그와 의논을 합니다. 남에게 이야기할 수 없는 속마음을 주고받기도 합니다. 서로 위로하기도 하고 용기를 북돋워 주기도 합니다. '빨갱이'와 '우익꼴통'이 바늘과 실처럼 지내는 것을 주변 사람들은 아주 신기해하며 좋게 바라봅니다.

나라가 이랬으면 좋겠습니다. 생각이 다르다는 이유로 반목하고 미워하면 백성이 편안해질 수가 없습니다. 사상과 가치관이 달라도 서로 사랑하면 얼마나 좋겠습니까?

동과 서, 남과 북이 미움의 사슬을 끊고 사랑의 자유를 회복하면 얼마나 좋겠습니까? 예배소서 4장 첫 구절 "서로 용납하라"는 말씀이 떠오르는 아침입니다.

'포노 사피엔스' 시대의 구원사역

이스라엘 민족은 하나님께 물었습니다. 예수의 제자들은 예수님께 물었습니다. 아이들은 부모님께 묻고 학생들은 선생님께 물어서 해답을 얻었습니다.

그런데 현대사회는 인터넷에 묻습니다. 인간은 이제 묻기만 하고 답은 디지털이 해 줍니다. 인간의 뇌는 어떠한 계산도, 어떠한 기억도, 어떠한 생각도 할 필요가 없어졌습니다. 아무리 복잡한 문제도 디지털이 빠르고 명쾌하게 답을 줍니다.

현대는 모두가 스마트폰을 장기처럼 지니고 삽니다. 전차나 버스를 타면 남녀노소 모두가 스마트폰을 들여다보고 있는 광경을 볼 수 있습니다. 아기들은 고무젖꼭지를 문 채로 스마트폰의 동요프로그램을 찾으며 혼자 놉니다. 이러한 현상을 보고 어느 학자는 '호모 사피엔스' 인류가 사라지고 스마트폰이 만든 '포노 사피엔스'라는 새로운 인류가 등장했다고 말합니다. 인류의 역사는 신 중심에서 인간 중심으로, 다시 인간 중심에서 디지털 중심으로 옮겨져 있습니다.

사유(思惟)가 사라진 세계에서 인간은 먹고 마시며 즐기는 것에만 치중합니다. 사람과 사람이 눈을 마주 보며 교감을 하지 않는 삭막한 시대에 인류의 스승은 더 이상 성인이 아니라 디지털입니다. 인간애가 사라지고 오직 너와 나의 정보만을 교환하는 현실에 우리는 당황해하고 있습니다.

성경이 그토록 강조하고 있는 구원이라는 화두도 디지털에 물어보면 간단히 답을 줍니다. 자신이 믿음으로 아는 것이 아니라 구원이라는 단어에 디지털이 입력한 해답을 내놓습니다.

성령의 교통하심은 인간의 마음에서 일어나는 일이기애 디지털의 세계에서는 성령은 역사하지 않습니다. 교회의 고민은 디지털에 의존하며 디지털이 주인이 되어버린 이 시대에 어떻게 해야 구원사역을 이루어갈 것인가 하는 문제입니다. 해결책은 지식과 믿음에 관해 과감하게 경계선을 긋는 것입니다. 디지털은 정보와 지식을 얻는 데 도움이 되지만 구원에 이르는 믿음은 주지는 못합니다. 믿음이 신비스러운 까닭은 믿는 자에게는 성령님께서 내재하기 때문입니다.

5. 교회와 신앙

"기독교 문화는 융숭한데 복음이 없다면 무슨 소용이 있
겠습니까? 교회가 많은데 이 땅이 변하지 않는다면 무슨
소용이 있겠습니까? 바울처럼 탄식하는 자를 하나님은
찾으십니다."

니고데모의 오해

많은 사람들이 종교와 신앙을 등가로 생각합니다. 기독교라는 종교를 통해 신앙을 갖게 되었다는 점에서 이해가 안 되는 것은 아니지만, 종교생활을 신앙생활로 착각하는 사람들이 많습니다.

성경을 잘 알고 그 말씀을 밤낮으로 묵상하며, 정결과 거룩하기 위해 힘쓰고, 부정하거나 불결한 자들과는 함께 하지 않고, 교회의 교리와 법을 잘 지키며, 주일을 철저하게 지키며, 십일조를 잘하며, 일주일에 하루는 금식을 하며, 하루 세 번 기도하는 사람이 있습니다.

이런 분이 있다면 여러분은 어떠한 생각을 하게 될까요? 아마도 교회는 입이 마르도록 칭찬을 아끼지 않을 것입니다. 그런데 성경에 나오는 바리세파이던 니고데모가 바로 이런 사람이었습니다.

바리세파의 지도자였으며 유대의 최고 권력기관인 산헤드린 멤버였던 니고데모에게 예수님은 사람이 거듭나지 않고는 하나님 나라를 볼 수 없다고 말씀하셨습니다. 구원은 앞에서 열거한 종교적 행위와는 무관하다는 의미입니다. 구원은 하나님의 아들 독생자 예수 그리스도를 믿는 신앙으로 가능하다고 말씀하십니다(요한복음3:16).

믿음이 없는 종교생활은 신앙이 아닙니다. 종교생활을 통해 사람이 선해질 수 있습니다. 깊은 깨달음에 도달할 수도 있습니다. 거룩하게 보이는 삶을 살 수도 있습니다. 마음에 평안을 얻을 수도 있습니다. 많은 사람들에게 선행을 베풀며 칭송을 받을 수도 있습니다. 이 같은 일은 훌륭한 일이며 마땅히 존경을 받을만합니다. 그러나 구원과는 무관합니다.

니고데모는 예수님께서 말씀하신 거듭남에 대해 어떻게 그런 일이 가능하겠느냐고 되묻습니다. 거듭남에 관해 예수님은 영을 말씀하시지만 니고데모는 육으로 이해하려고 합니다.

혹 우리의 롤모델이 니고데모가 아닐까요? 세상에 메인 육신을 위해 충성하는 종교인이 아닌가 생각해볼 일입니다.

믿음의 종말

지난주에 미국의 사회학자 제레미 리프킨이 쓴 『노동의 종말』이라는 책을 읽었습니다. 책의 내용은 현대기술이 노동으로부터 인간을 해방시켜줄 것으로 생각했지만, 고도로 발달한 기계노동이 인간노동을 대체하게 되자 오히려 사람들이 일자리 걱정을 하게 되었다는 것입니다. 신기술이 생산성을 높여 생산원가를 줄이고 값싼 재화의 증대로 구매력이 늘어나면 일자리가 만들어진다는 경제이론 역시 기술실업과 소비자의 구매력 감소로 이어져 결과적으로 기술의 풍요가 노동자의 경제를 악화시킴으로써 노동의 종말을 불러온다는 내용이었습니다.

나는 이 책을 읽으면서 줄곧 '믿음의 종말'이라는 화두가 머리에서 떠나지 않았습니다. 결론부터 말씀드리면 무엇을 입을까 무엇을 먹을까 하는 염려에서 해방되지 않고서는 믿음은 우리 속에 자리를 잡을수가 없습니다. 즉 현대의 그리스도인이 경제문제에만 매달린다면 결국 믿음의 종말로 이어지지 않을까 하는 우려를 하게 됩니다.

예수님이 사셨던 시대 역시 사람들은 먹고사는 문제에 매달려 주님의 가르침보다는 배불리 먹는 것에만 관심이 있었습니다. 주님은 그들에게 "너희가 나는 찾는 것은 표적을 본 까닭이 아니요. 떡을 먹고 배부른 까닭이다."(요한복음 6:26)라고 책망하셨습니다.

오늘날 많은 교회가 믿음을 간구하기 보다는 물질의 풍요를 구하거나 교회의 재정을 위해, 나라의 경제발전을 위해 기도하는 것을 흔히 볼 수 있습니다. 이러한 우리의 모습을 보시며 주님은 이렇게 말씀하십니다. "솔로몬의 모든 영광으로 입은 것이 백합화 한 송이만 못하다. 아궁이에 던져지는 들풀도 하나님이 이렇게 입히시는데 어찌네가 염려하느냐. 믿음이 없구나! 무엇을 먹을까, 무엇을 마실까, 무엇을 입을까 염려하지 말라"하십니다(마태복음6:29~31).

주님은 육신의 양식이 아닌 영의 양식을 구하라 말씀하십니다. "사람이 떡으로만 살 것이 아니요. 하나님의 입으로 나오는 모든 말씀으로 살 것이라 하였느니라."(마태복음 4:4) 이것만이 믿음의 종말을 피하는 길입니다.

예수 없는 교회

2000년 전에 예루살렘 성전에서 있었던 일입니다. 성전에는 신에게 제사를 지내는 제사장들이 있었고 사람들은 죄를 용서받기 위해 양이나 염소, 비둘기, 곡물 같은 제물을 가지고 찾아왔습니다. 모든 질병은 죄로 인해 생겼으며 심지어는 장애를 지니고 태어난 것도 부모의 죄과라고 여겼으므로 항상 성전은 속죄하기 위해 찾아온 군중들로 붐볐습니다. 율법을 가르치는 서기관들은 사람들에게 죄인임을 강론했습니다. 성전은 이들 외에 부활이 있다는 바리새파와 부활이 없다는 사두개파가 자주 논쟁을 하는 곳이기도 했습니다.

어느 날 예루살렘 성전에 오신 예수님께서 이들을 보고 "너희가 강도의 굴혈을 만들었구나."(누가복음19:46) 하시며 한탄하셨습니다. 예수님께서 보시기에 그곳은 하나님이 없는 성전이었던 것입니다.

그로부터 2000년이 지난 지금의 교회 모습은 어떠한가요. 교회는 2000년 전 예루살렘 성전처럼 사람들로 붐빕니다. 많은 사람들이 복

받기를 구합니다. 물질의 복, 건강의 복, 출세의 복을 구합니다. 예수님이 말씀하신 산상보훈의 팔복은 이들이 구하는 복이 아닙니다. 또한 자신이 기독교도이기에 습관처럼 교회에 나오는 사람들도 적지 않습니다. 교회는 어느덧 그들만의 사교장으로 변해 그들만이 서로 용납하고, 그들만이 서로 사랑하는 곳이 되었습니다.

교회는 예수님이 메시아라는 교리를 귀가 닳도록 가르치지만 정작 예수님의 가르침을 가르치는 데는 부족합니다. 그러므로 사람들은 사후의 천국은 소망하지만, 살면서 주님이 내 심령에 임재하는 삶의 기쁨을 체험하지 못합니다.

2000년 전, 예루살렘 성전이 하나님 없는 성전이었듯이 지금의 교회는 예수 없는 교회가 되어가고 있습니다. 예수 없는 교회는 종교생활에 충실할 뿐 결코 신앙생활이라고는 말할 수 없습니다.

누가 보이십니까?

"견지망월(見指忘月)"이라는 사자성어가 있습니다. 말의 뜻인즉 달을 가리키는 손가락을 보느라 달을 잊는다는 말인데 본질을 보지 못하는 어리석음을 말할 때 흔히 쓰입니다.

교회에서 찬송을 부르거나 기도를 할 때 우리는 "주님!" 또는 "주여!"라는 말을 가장 많이 사용합니다. 주는 구약에서는 하나님을, 신약에서는 예수님을 가리키는 말입니다. 바로 그분이 우리의 구주요 교회의 주인이십니다. 우리가 교회에 나오는 이유는 그분을 뵙고 성령을 통해 그분의 음성을 마음에 담아가기 위함입니다.

여러분은 교회에 나오면 누가 보이십니까? 만약에 주님은 안 보이고 사람이 보인다면 여러분은 달을 가리키는 손가락을 보고 있는 것과 같습니다. 교회에서 목회자는 주님을 가리키고 있는 손가락에 불과합니다. 그 손가락이 가리키는 건너편의 주님이 우리가 바라봐야 할 표상입니다. 손가락은 주님의 십자가를 가리키는 일로 할 일을 다 한 것입니다. 그럼으로써 그 손가락을 칭찬하거나 탓할 일이 아닙니다. 손가락이 가리키고 있는 오직 주님만을 보십시오. 그러면 은혜가 됩니다. 성경은 "우리가 아직 죄인 되었을 때 그리스도께서 우리를 위하여 죽으심으로 하나님께서 우리에 대한 자기의 사랑을 확증하셨느니라."(로마서5:8)고 그리스도가 십자가에 달리신 이유를 말씀하고 있습니다.

우리 앞에 주님만 보인다면 그 입술에서 찬송이, 그 심령에서 기도가 나오지 않겠습니까? 우리가 사람이 아닌 주님만을 바라본다면 어찌 교회가 텅텅 비어 가겠습니까? 주님께서 우리를 괴롭힌 적이 있습니까? 주님께서 우리를 아프게 한 적이 있습니까? 그럼에도 불구하고 우리 스스로 주님을 외면하는 이유는 전적으로 우리의 신앙에 문제가 있기 때문입니다.

주님이 우리를 위해 눈물로 기도하고 있는 이 순간에도 우리가 주님을 바라보지 못한다면 손가락을 보느라 주님을 잊어버리는 "견지망주(見指忘主)"가 되지는 않겠는지요.

자아(自我)의 충돌

　성경을 읽는 때 한편 마음은 기쁨을 느끼지만 한편으로는 두려움을 갖게 됩니다. 목사님의 설교를 들을 때도 마음 한편은 즐겁지만 다른 한편으로는 괴로움을 갖게 됩니다. 왜 그럴까요? 그것은 내 속에 있는 자아(自我)와 내 밖의 내가 충돌하기 때문입니다. 바로 신령한 자아와 세속적인 자아의 충돌 때문에 생기는 갈등이 원인입니다. 이것은 나의 성(城)을 지키려는 자아와 해체하려는 자아가 빚어내는 어지러움입니다. 고정관념과 도전의식이 대립하는 불안입니다.

　이럴 때 나는 평안과 안식이 찾아올 때까지 침묵합니다. 특히 종교가 신앙을 억압하지 않도록 주의를 기울입니다. "평안을 너희에게 끼치노니 곧 나의 평안을 너희에게 주노라 내가 너희에게 주는 것은 세상이 주는 것 같지 아니하니라."(요한복음 14:27)는 말씀을 생각하며 자아의 충돌로 인해 잃어버린 평안을 찾기 위해 묵상합니다.

　오늘 하루의 내 삶을 위해 찢어진 나의 그물을 묵묵히 깁고 계시는 예수님을 묵상하며 쓴 「그물코를 깁고 있는 예수」라는 제 졸시 한 편을 여기에 소개합니다.

오늘도 그렇듯
바다를 쏘다니다 빈손으로 돌아왔습니다.
버림받은 시간 속에 자맥질만 해대다가
빈 그물을 거두어 돌아왔습니다.
당신이 말씀하신 깊은 곳,
그물을 내릴 곳이 어디인지
찾지 못하고 돌아왔습니다.
그렇게 돌아왔을 때
나의 빈 배
그 외진 곳에서
묵묵히 그물코를 깁고 있는 당신을 발견했습니다.
나는 당신의 등 뒤에 우둑 커니 서서
그물을 내릴 깊은 곳이
내 마음 속이라는 것을 알게 되었습니다.

                                      – 김상현, 「그물코를 깁고 있는 예수」 전문

한번 안아 봅시다

어느 주일날 밤, 설교 말미에 "오늘은 끝나고 돌아갈 때 모두 한 번씩 안아보자"고 목사님께서 제안을 하였습니다.

문득 "사람이 그리워 당신을 품에 안았더니/당신의 심장은 나의 오른쪽 가슴에서 뛰고"라는 함민복 시인의 시 한 구절이 생각났습니다. 그 날 이후 나는 주일날 밤마다 교회에 나온 남자들을 한 사람 한 사람 빼놓지 않고 안아보고 있습니다. 그 순간만은 심장이 없는 나의 오른편 가슴에 따뜻한 심장 하나가 채워집니다.

내가 처음 고백교회에 나왔을 때 모든 성도들이 하나같이 친절하다는 인상을 받았습니다. 따뜻한 인사, 환한 미소, 세심한 배려는 낯가림이 심한 내게 전혀 낯설지 않은 편안함을 주었습니다. 성경 속 초대교회의 모습이 이러했을 거라 생각했습니다. 그런데 내가 고백교회에 등록을 하고 교인이 되고 나자 그런 모습은 사라졌습니다. 산토끼가 집토끼가 되었으니 굳이 그럴 필요가 없다고 생각하는 듯했습니다.

시종일관(始終一貫)이란 말이 있습니다만 처음과 끝이 같기는 어렵습니다. 그러나 늘 처음과 같은 마음을 유지하기 위해 노력하는 모습은 아름답습니다. 교회의 아름다움은 건물의 미려함이 아니라 성도의 모습에서 찾아볼 수 있습니다.

목사님께서 말씀하신 서로를 보듬어 보는 행위는 진정한 교제를 위해 닫혀있는 마음의 문을 여는 첫 단계이지 않겠는가 생각하면서 주일 밤 뿐만 아니라 언제나 우리의 인사방법이 서로를 껴안아 보면 어떨까 제안해 봅니다.

성도로 교회가 가득 차는 것 보다 우리의 마음에 그리스도의 사랑이 가득 차 있는 교회를 꿈꾸면서 서로의 "심장을 포기할 수 없는/ 선천성 그리움"이 우리 속에 있기를 소망해 봅니다.

오월의 편지

어머니, 다시 오월입니다. 나는 쑥대가 올라오는 당신의 무덤가에 앉아서 몇 줄의 시를 적습니다.

어머니, 묏등에 자란
고봉밥 새 쑥

(중략)

오늘은
머리에 새 쑥을 이고 기다리며
천 리 길 온 자식에게
여전히
'애비야! 배곯지 말거라' 하십니다

어머니 묏등에 떨어지는 눈물방울.

– 김상현, 「새 쑥」 전문

사람이 살아가면서 세 가지의 슬픔이 있다면 우선은 부모를 잃어버린 것이요, 그다음은 고향을 잃어버린 것이며 그다음은 자신이 태어난 집을 잃어버린 것이라 생각했습니다. 그러나 어머니, 제 생각이 너무나 짧았습니다. 어머니가 세상을 떠나고 없는 사람은 고향도, 집도 없는 불쌍한 고아라는 것을 뒤늦게 깨닫게 되었습니다.

선악을 구분하지 않고 나를 용납하시는 어머니는 저의 요람이었으며 당신의 기도는 제 발길을 인도하는 등불이었습니다. 저는 힘이 들었지만 당신으로 인해 지치지 않았으며 저는 비틀거렸지만, 당신으로 인해 넘어지지 않았습니다.

저는 당신이 제게 베푼 사랑에서 저를 향한 하나님, 그분의 심정을 어림할 수 있었습니다.

지난 수요일에는 "우리는 하루하루 시간을 유예(猶豫)받은 존재"라는 목사님의 설교가 있었습니다. 저는 '태어나는 순간 죽었고 그 후는 하루하루의 삶을 유예받고 있다'는 생각이 들었습니다. 유예된 저의 삶에 오늘도 당신의 말씀은 기름처럼 타오릅니다. 유예된 저의 삶에 오늘도 당신의 말씀은 저를 성찰하게 합니다.

어머니, 오월은 꽃들이 화사하게 피어도 슬픔을 안고 사는 사람들이 있습니다. 26년 전 계엄군의 총칼에 자식을 잃고 아직도 울고 있는 남녘의 어머니들이 그런 분들입니다. 오월의 꽃은 그분들에게는 눈물꽃입니다. 생전에 당신은 저 때문에 우셨지만 저는 하늘에 계신 당신을 생각하면 눈물이 납니다.

성령의 검을 품고 살자

'칼'은 인간생활에 유용한 도구인 동시에 폭력을 상징하기도 합니다. 인류의 역사는 원시인류의 돌칼에서 현대 인류의 레이저 칼에 이르는 칼의 변천사라고 해도 무리가 없을 것입니다. 특히 '칼'이 지닌 이미지는 전쟁, 무력, 살인과 같이 부정적인 생각을 더 많이 떠올리게 합니다. 말고의 귀를 자른 베드로의 칼을 두고 "칼을 쓰는 자는 칼로 망한다."(마태복음 26:52)며 로마를 염두에 두고 책망하신 예수님이나 "칼을 쳐서 보습을 만들라"(이사야 53:2~5)는 성경 말씀도 칼에 대한 부정적인 시각에서 출발하고 있습니다.

따라서 '칼'이라는 단어는 교회에 어울리지 않는 키워드 중에 하나일 것입니다. 또 '칼'보다 더 도전적인 말은 '칼을 간다.'는 말입니다. 사람이 마음에 증오와 미움이 가득할 때 "칼을 간다."는 표현으로 상대편에게 살기등등한 적의를 표현하기도 하는데 참 고약한 말입니다.

그런데 우리교회에서 행하고 있는 '칼갈이 봉사'는 전혀 다른 감성을 느끼게 합니다. 증오와 미움의 감정이 아닌 따뜻한 사랑의 마음을 갖게 합니다. 사람의 마음에서 칼을 갈면 자신도 베고 타인도 상하게 하지만 봉사의 칼갈이는 사람 사는 세상의 맛을 느끼게 하는 아름다운 행보입니다. 때문에 "칼을 갈아드립니다"라는 말은 오히려 마음에 박힌 비수까지도 빼어내 버리게는 힘을 갖게 됩니다.

무딘 칼로 인한 짜증스러움이 칼갈이 봉사로 인해 음식을 만들 때마다 즐거움이 더 해졌다면 삼시 세끼 감사의 기억이 남아 있을 것입니다.

그런데 우리가 가슴에 품어야 할 칼이 하나 있는데 성경은 우리에게 "성령의 칼, 곧 하나님의 말씀을 가지라"(예배소서 6:17) 가르치고 있습니다. 이제는 말씀의 칼 하나쯤 품고 신앙생활을 해보시면 어떨는지요.

'예수님의 가르침'과 '예수님에 관한 가르침'

마태복음 5장에 나오는 이른바 산상수훈과 예배의식에서 **빼놓지** 않고 낭송되는 사도신경에 관해 잠시 생각해 보려고 합니다. 산상수훈은 '예수님의 가르침'인 반면에 사도신경은 '예수님에 관한 가르침'이라는 것을 구분하는 사람은 별로 많은 것 같지 않습니다.

예수님은 하나님께서 보내신 그리스도며 그를 통해서 구원에 이르며 재림하셔서 세상을 심판하실 것임을 믿고 고백하는 사도신경은 니케아공회에서 주교들이 만든 기독교 교리로 중요합니다. 예수님이 누구인가를 아는 것도 중요하지만 예수님께서 우리에게 말씀하신 가르침이 무엇이었는가는 더 중요합니다.

그럼에도 불구하고 오늘날 많은 교회들이 '예수님의 가르침'을 가르치는 것보다 '예수님에 관한 가르침'을 가르치는데 열심을 낸 결과, 성숙한 신앙인을 키우는 것보다는 착실한 종교인을 만드는데 많은 노력을 기울이고 있다는 생각이 듭니다. 따라서 신앙을 통해 자신의 삶이 변화되지 못하면서 종교적 형식과 교리에 천착하는 경우를 보게 됩니다. 심지어는 타인에게 교리의 잣대를 들이대며 비판하는 데 익숙해져 있습니다.

나는 사도신경을 외울 때마다 "동정녀 마리아에게 낳으시고 본디오 빌라도에게 고난을 받아 십자가에 못 박혀 죽으시고"라는 탄생에서 곧장 죽음으로 건너뛰는 대목에서 아쉬움을 갖습니다. 예수의 탄생과 죽음 사이에 예수님의 사상과 주장이 무엇이었는지를 말해주었다면 훨씬 좋았을 것이라는 생각이 듭니다. 바로 예수님의 말씀에 동참하고 동의하는 신앙고백이었다면 '예수님의 가르침'과 '예수님에 관한 가르침'을 동시에 만족시켜주지 않았을까 생각해 봅니다.

"벽도 밀면 문이 된다"

"벽도 밀면 문이 된다."는 제목의 책을 선물 받은 적이 있습니다. 책의 내용보다 책 제목이 주는 울림이 좋아서 잘 보이는 곳에 책을 꽂아 두었습니다. 제목이 의미하는 바는 사람이 일을 하다가 벽을 만난 듯이 앞이 꽉 막혔을 때 주저앉지 말고 도전해보라는 뜻이지만 "벽도 밀면 문이 된다."는 말은 사람과 사람 사이에도 적용되는 말이기도 합니다.

종심(從心)의 나이에 여러분 앞에 내가 무슨 말인들 주저하겠습니까? 해서 오늘은 벽처럼 두꺼운 우리의 마음을 돌아보려고 합니다. 제가 느끼기에 여러분 모두는 따뜻하고 친절합니다. 남을 위해 봉사하는 마음이나 배려하는 마음도 수준급입니다. 또 이모저모로 달란트를 지니고 있는 분들도 많습니다. 신앙의 모범을 보이려고 노력하는 모습도 보입니다. 단지 한 가지 아쉬움이 있다면 마음의 담장이 높음을 지적하고 싶습니다.

가까운 사람들만 만나고, 친숙하고, 염려하고, 도움을 나누게 되면 한 발짝만 벗어나게 될 경우, 벽을 쌓는 일이 생기게 됩니다. 사람들의 마음이 벽처럼 느껴지는 것입니다. 여러분들도 제가 벽처럼 느껴집니까? 제 오만과 부덕의 소치입니다만 제 마음의 벽을 밀어보려고 한 적은 있으신지요. 저도 여러분들의 마음의 벽을 밀어보려고 하지 않았습니다. 마음의 벽을 허물 수 없다면 그 벽을 밀어보는 것입니다. 벽을 밀도록 허용하는 것입니다. 왜냐하면 마음은 사람을 만나는 장소이기도 하지만 하나님과 만나는 자리이기 때문입니다.

　성경은 "마음으로 믿어 의에 이르고, 입으로 시인하여 구원에 이른다."(로마서 10:10)고 말씀하고 있습니다. 세상 사람들에게 문은 벽이 될 수 있지만 그리스도인에게는 벽이 문이 될 수 있습니다.

영혼을 사랑하는 마음

어머니에 관한 이야기를 좀 더 하려고 합니다. 외출하시는 어머니의 가방에는 늘 요구르트나 사탕이 있었습니다. 당신께서 드시려는 것이 아니라 당신이 만나게 될 누군가를 위해서 준비를 하셨습니다. 바로 전도를 위한 어머니만의 전략에 필요한 먹거리였던 것입니다.

"예수 천당! 불신 지옥!"과 같은 섬뜩한 방법도 아니고, "예수 믿으면 복을 받는다."는 입에 발린 소리도 아니고, 언술과 종교적 지식으로 상대를 설득시키려는 방법도 아니고, 성경 구절을 달달 외워서 상대의 반응에 응대하는 방법도 아닌 어머니만의 전도방법은 참으로 지혜로웠습니다.

어느 날인가 저는 어머니와 서울을 동행하게 되었습니다. 4인이 마주앉아가는 기차에서 비로소 어머니의 전도방법을 볼 수 있었습니다. 그 날 어머니 곁에는 양복을 빼입은 중년의 남자가 창밖을 보며 상념에 젖어있었습니다. 내가 보기에는 그는 대학교수나 전문직에 있는 사람처럼 보였습니다. 서너 정거장을 지나칠 때쯤 어머니의 작전을 시작되었습니다. 가방에서 요구르트를 꺼내 슬그머니 그에게 내밀면서 "봄이라 좋지요?"하고 말을 붙이는 것이었습니다. 엉겁결에 요구르트를 받아 쥔 남자를 향해 예수님에 관해 말을 시작했습니다. 종착지는 서울역이었는데 용산역쯤에서 어머니의 말씀은 끝이 났습니다. 예수님의 탄생과 그의 가르침, 예수님의 죽음과 부활, 십자가와 하나님의 은혜를 소상하게 설명하였습니다. 마지막 용산역에서 서울역까지는 따뜻한 인사말로 마무리를 짓는 것을 보았습니다. 이처럼 어머니는 남녀노소 신분을 가리지 않고 기회가 되면 전도를 하셨는데 주로 기차여행이나 버스여행을 이용했습니다. 어머니는 늘 여행이 즐겁다고 하셨습니다. 영혼을 사랑하는 마음이 없이는 그런 일은 하실 수 없었을 것입니다.

그냥 살아라!

종심(從心)의 나이에 비로소 생각해 보니 크게 잘못한 일이 있습니다. 자식에게 또는 많은 젊은이들에게 기회가 있을 때마다 "큰 꿈을 가져라!" "세계를 가슴에 품어라" "우두머리가 되어라!" "경쟁에서 살아남아라!" 이런 말을 했던 일이 후회가 됩니다. 이런 말 속에는 부와 권력의 폭력성이 숨겨져 있습니다. 성경은 이와는 정반대로. "섬겨라!" "종이 되라!"고 가르치고 있습니다.

어떤 교회는 청년들이 우두머리가 되어 세상을 움직이는 영향력 있는 사람이 되기를 기도합니다. 어떤 교회는 경쟁에서 살아남는 사람이 하나님의 은혜를 받은 자라고 내세웁니다. 어떤 교회는 권력을 가진 자가 자기교회 교인임을 은근히 자랑합니다.

모두가 부질없는 없는 일입니다. 기독교가 권력화되었을 때 인류의 심장에서 그리스도는 죽었습니다. 이제 젊은이들에게 다시 말할 기회가 주어진다면 '그냥 살아라!'라고 말해주고 싶습니다. 식물처럼 하늘에 순응하고 사는 것이지요. 그래야 푸르름을 유지할 수가 있습니다. 그래야 자신을 바라볼 수 있습니다.

최근에 발간한 제 시집에 수록된 시 「그냥 사는 사람」 한 편을 소개 하려고 합니다.

그냥 살았네
개똥밭에 구르듯 그렇게 살았네
생각해 보면
처음부터 그렇게 살고 싶었네
그냥 살다 보니
여기까지 왔네
무엇이 되고 싶지도
무엇을 남기고 싶지도 않은,
그런 마음 지키며
끝까지
그냥 살았으면 좋겠네

– 김상현, 「그냥 사는 사람」 전문

'그냥 사는 사람'만이 감사를 느낄 수 있습니다. '그냥 사는 사람'만 이 서로 사랑할 수 있습니다. 그런 사람만이 은혜를 은혜로 기뻐합 니다.

하나님도 외롭습니다

"울지 마라. 외로우니까 사람이다." 어느 시인의 시 첫 구절입니다. 사람이 외로운 건 무엇 때문일까요? 모든 외로움의 근원은 사랑하기 때문입니다. 외로운 사람의 눈에는 쓸쓸한 공원의 빈 벤치가 외롭게 보이고 녹이 슨 버려진 자전거가 외롭게 보입니다. 바로 '홀로 있음'이 외롭게 느껴지는 것이지요.

세상일이 그렇습니다. 소식이 끊긴 벗들과 안부조차 묻지 않는 자식들을 생각하면 외로워집니다. 이 외로움의 근원은 그들을 사랑하기 때문입니다. 사랑하는 사람에게 내 자신이 무관심의 존재라고 느껴질 때 외롭습니다. 사람들은 말합니다. 배우자가 있고 자식이 있고 벗들이 있는데 무엇이 외롭냐며 오히려 되묻습니다. 그러나 주변에 아무리 많은 사람들이 있어도 나의 심정을 알지 못하는 사람들이라면 아무도 없는 것과 같습니다.

우리가 그렇듯 하나님도 참 외로우실 것이라는 생각을 해봅니다. 그분이 만드신 하늘의 별과 땅에 온갖 꽃이 있어도 그분의 심정을 알지 못하면 하나님도 외롭긴 마찬가지입니다. 하나님은 전지전능하시기에 전지전능한 만큼 더 외로우실 것입니다.

하나님이 외로우신 건 우리를 사랑하셔서 독생자 아들을 보내어 십자가에서 죽도록 하셨는데 우리가 그분의 심정을 모를 뿐만 아니라 알려고 하지 않은 데 있습니다. 그분이 우리를 짝사랑하신 것이지요. 간혹 우리가 그분을 사랑한다고 하지만 자신의 이기를 충족시켜주는 대가성 사랑을 할 뿐 진심으로 하나님을 사랑하지 않습니다. 어찌 우리의 외로움이 그분의 외로움에 견줄 수 있겠습니까? 그분이 외로운 것은 우리를 너무나 사랑하기 때문입니다. 그분은 우리와 같이 있고 싶은데 우리는 그분을 먼 하늘 끝자락에 홀로 세워두며 외롭게 만듭니다.

남자는 두 번 태어납니다

"예물을 제단에 드리다가 거기서 네 형제에게 원망 들을만한 일이 있는 줄 생각나거든 예물을 제단 앞에 두고 먼저 가서 형제와 화목하고 그 후에 와서 예물을 드리라"(마태복음 5장 23~24)

형제가 화목하지 못한 큰 이유 중에 하나를 들라면 아마도 그의 아내 때문일 경우가 많습니다. 물론 그 반대되는 경우도 있습니다. 그럼으로써 남자는 두 번 태어난다고 할 수 있습니다. 한 번은 어머니로부터, 또 한 번은 아내로부터 태어납니다.

어떤 어머니를 만나 태어나는가는 자신이 결정할 수 없는 운명이지만, 두 번째 태어나는 건 아내를 만나는 일인데 전적으로 자신의 책임입니다. 모성의 사랑은 헌신과 희생을 베풀지만 아내의 사랑은 헌신과 희생을 강요합니다.

여자들이 들으면 좀 언짢은 이야기입니다만 많은 남자들이 두 번째 잘못 태어나 마음고생을 하게 됩니다. 효자가 불효자가 되어버리는 것, 형제가 우애하지 못하는 것, 또 따뜻한 사람이 냉정한 사람으로 변해버리는 이유는 두 번째 잘 못 태어남으로써 생기게 되는 경우입니다.

그 반대로 두 번째 잘 태어나면 불효자가 효자가 되고 형제 우애가 더 깊어지고 따뜻한 성품으로 변하게 되는 것을 볼 수 있습니다. 그러므로 성경은 현숙한 여인을 찾는 것이 값진 진주를 얻는 것보다 낫다고 말씀하고 있습니다(잠언 31장).

그런데 다시 태어남으로 행복한 경우가 있습니다. 남자뿐 아니라 모든 사람이 예수를 구주로 영접함으로써 다시 태어나는 경우인데 남녀노소 귀천이 구분 없이 공평합니다. 예수로 거듭난 자는 온유하며, 겸손하며, 마음이 청결하며, 화평케 하며, 의를 위해 핍박을 견디는 사람으로 변하게 되는데 그런 사람이 어둠을 비추는 등불입니다.

얼굴과 뒤통수

대전 중앙과학관 공원 마당에는 안과 밖의 구별이 없는 대표적인 모형인 '뫼비우스의 띠'가 있습니다. 뫼비우스의 띠를 따라 표면을 이동하게 되면 경계를 넘지 않고도 원래 위치의 반대편에 다다를 수가 있습니다.

안과 밖이 일치하지 않은 표리부동(表裏不同)한 것 중에 대표적인 것이 있다면 인간일 것이라는 생각을 해봅니다. 세월호 참사 중에도 두어 시간이나 머리를 올리거나, 성형시술을 통해 얼굴을 다듬는 대통령처럼 겉은 잘 꾸몄는데 속이 텅 빈 사람이 있는가 하면 이런 대통령을 비호하는 후안무치(厚顔無恥)한 사람들의 얼굴들이 뉴스를 장식하고 있는 요즘, 얼굴과 뒤통수에 관해 많은 생각을 해봅니다. 문득 오래전에 쓴 「뒤통수」라는 나의 졸시가 떠올랐습니다.

당신의 뒤통수를 보면서

당신의 얼굴을 밀고 가는 것이
뒤통수라는 것을 알았소

나의 얼굴을 밀고 가는 것도
나의 뒤통수일 것이오

당신의 뒤통수는 근엄하지도 교만하지도 않소
아주 볼품없지만 정감이 느껴지오

나의 뒤통수는 어떤가요?

볼품없지만 정감이 느껴진다면
그런 뒤통수를 닮고 싶소

얼굴의 기득권을 버리고서라도
그런 뒤통수를 얼굴로 삼겠소.

— 김상현, 「뒤통수」 전문

어쩜 치장하지 않는 뒤통수가 그 사람의 참모습일 것입니다. 그런데 이런 사람의 참모습인 뒤통수에 대고 험담을 해대는 사람들을 흔치 않게 볼 수 있습니다. 거짓과 위선의 표정을 한 얼굴이 자신도 볼 수 없는 꾸밈이 없는 뒤통수에 대고 험담을 하는 것이야말로 인간의 독선 중에 최악일 것입니다. 상대의 뒤통수가 나의 얼굴이라 생각하며 오히려 그 뒤통수에서 가르침을 얻는다면 얼마나 아름답겠습니까?

종이부시(終而復始)

　사자성어 중에 종이부시(終而復始)란 말이 있습니다. 이 말은 끝난 자리에서 다시 시작한다는 뜻입니다. 그런데 시간상으로 보면 모두 끝나는 자리가 공평합니다. 앞서 뛰어가는 사람이나 뒤쳐져 걸어가는 사람이나 한해가 같이 끝나고 새해를 같이 시작하게 됩니다. 젊은이나 노인이나 부한 자나 가난한 자가 모두 한해를 같이 끝내고 새해를 같이 시작하게 됩니다. 1년 365일, 한 치의 오차도 없이 누구에게나 같이 끝나고 같이 시작하게 됩니다.

　사람들은 시간을 얻으려고 합니다만 시간은 돈으로 살 수도 없고, 노력으로 얻을 수도 없으며 그 무엇으로도 바꿀 수 없이 누구에게나 공평하게 주어지기 때문에 오히려 사람들에게 희망을 품게 합니다.

　시간은 마치 바구니와 같아서 그곳에 자신의 삶을 담아내는 것입니다. 시간이라는 그릇은 얼마나 많은 것을 담느냐 하는 것보다는 얼마나 값진 것을 담느냐가 더 중요합니다. 어떤 사람은 명예를, 어떤 사람은 물질을, 어떤 사람은 쾌락을 담습니다. 그러나 그것들은 결코 담을 만큼 값진 것들이 아닙니다.

새해 아침에 자신에게 주어진 빈 바구니를 들고 출발선에 서서 올해는 무엇을 담을 것을 것인지를 다시 한 번 생각해 보는 것도 의미가 있을 것입니다.

저는 사랑하는 여러분들이 가장 값진 믿음과 가장 값진 소망과 가장 값진 사랑의 바구니에 성령의 열매 곧 사랑과 희락과 화평과 오래 참음과 자비와 양선과 충성과 온유와 절제(갈라디아서 5:22~23)로 가득 채우시길 기원합니다. 주어진 시간은 공평하지만 수확하는 열매는 결코 공평하지 않습니다. 눈물을 흘리며 씨를 뿌리는 자는 기쁨으로 거둔다는 시편의 말씀처럼 성령의 열매를 얻기까지는 변함없는 노력이 필요할 것입니다.

하나님의 전신갑주

내가 아는 어떤 분이 언제나 헐렁한 옷을 입고 다녔습니다. 내가 그에게 '어째 옷이 커 보인다.'고 하자 오래전에 돌아가신 아버지 옷이라서 그렇다고 했습니다. 아버지 옷을 입고서는 함부로 행동하지 않아 좋다고 말했습니다. 아버지 옷을 입으면 아버지처럼 단아하게 살아야겠다는 생각이 든다고도 했습니다. 그는 옷이 몸에 비해 크다든가, 낡았다든가, 구식이라는 것에는 전혀 관심이 없고 오히려 옷의 의미를 더 중요하게 여겼습니다. 그의 말을 듣고 그분을 존경하게 되었습니다.

일전에 둘째 며느리가 제 남편이 입던 옷인데 몸이 불어 맞지 않는다며 한 보따리를 가져왔습니다. 아들의 옷을 방에 걸어두고 보니 마치 아들이 집에 있는 듯 마음이 흐뭇했습니다. 그 뒷날부터 나는 아들의 옷을 입고 외출을 하였습니다. 아들의 체취가 옷에 배어있는 것만 같아 좋았습니다. 아들의 옷을 입고 아들처럼 깡충깡충 큰 걸음으로 걸어도 보았습니다. 어떤 새 옷을 마련한 것보다 기분이 좋았습니다.

　문득 '전신갑주'라는 성경 말씀이 떠올랐습니다. 진리의 허리띠와 의의 흉배, 복음의 신발, 믿음의 방패, 구원의 투구, 성령의 검으로 무장한 하나님의 전신갑주가 떠올랐습니다. 그러나 나는 그런 옷을 사모하며 기도했는가를 생각하니 부끄러웠습니다. 아들이 입었던 헌옷을 입고도 기분이 좋은데 하나님의 전신갑주를 입을 수 있다면 내 안에 차오르는 기쁨을 넘어 세상을 능히 이길 수 있는 능력을 얻게 될 것이라는 깨달음을 얻게 되었습니다.

누가 눈물 없이 우는가?

웃음에는 진심이 묻어나지 않지만 눈물에는 진심이 배어있습니다. 웃음은 감동을 주지 않지만 한줄기 눈물은 사람의 마음을 움직일 힘을 가지고 있습니다.

웃음은 잠시 기쁨을 표현하는 것에 불과하지만 눈물은 사랑을 키웁니다. 어머니의 눈물에는 자식에 대한 사랑이 철철 넘치며 하나님의 눈물에게는 죄인을 사랑하는 은혜가 넘칩니다.

연인들도 눈물이 없이는 사랑을 지속할 수 없습니다. 사랑이 깊으면 깊어질수록 눈물이 많아집니다. 세상에 눈물 없는 사랑은 존재하지 않습니다.

눈물 없는 세상은 삭막합니다. 눈물 없는 세상은 소망이 없습니다. 눈물 없는 사람의 피는 차갑습니다. 사람이 사람을 미워하는 것도 눈물이 메말랐기 때문이며 용서하지 못하는 것 역시 눈물이 없기 때문입니다.

눈물 없는 기도, 눈물 없는 사랑, 눈물 없는 고백은 모두 공허하며 거짓된 것들입니다. 세상에서 가장 가증한 사람은 눈물 없이 우는 사람입니다. 사람들에게 보이기 위해 곡비(哭婢)처럼 우는, 눈물 없는 애곡은 위로를 담아낼 수 없습니다. 참회가 없는 거짓의 눈물은 눈물이 아닙니다. 세월호 참사 때에 대통령이 보인 악어의 눈물은 얼마나 가증한 것이었습니까?

그러므로 웃음을 구하지 마십시오. 오히려 눈물을 사모하십시오. 눈물로 기도하고, 눈물로 사랑하고, 눈물로 고백하는 진실한 사람이 되십시오. 눈물샘이 마르지 않도록 지속해서 자신을 돌아보십시오. 그것이 비록 슬픔이라 하더라도 눈물은 참되며 아름다우며 생명이 있는 가치를 지니고 있습니다. 하갈의 눈물에 응답하시는 하나님(창세가 21:16~18)을 생각해 보십시오. 눈물 있는 진심은 하나님까지도 움직입니다.

춘래불사춘(春來不似春)

"빼앗긴 들에도 봄은 오는가"라는 이상화의 시는 일제강점기에 빼앗긴 나라를 두고 비통함에 젖어 쓴 시로서 봄은 왔지만, 나라를 잃은 우리 민족에게는 봄은 없는 것과 마찬가지라는 의미를 담고 있습니다.

봄은 생명이 약동하는 계절이며 사람에게 희망의 계절이기도 합니다. 우리말에 '봄비' '봄바람' '봄볕' '봄밤' '봄 처녀'와 같이 봄이 들어가는 낱말들은 하나같이 따뜻한 정감이 느껴집니다.

그런데 봄이 와도 봄을 느낄 수 없는 사람들이 있습니다. 일자리가 없는 젊은이, 실직당한 가장, 가족을 부양하느라 새벽부터 늦은 밤까지 일해야 하는 서민들은 봄을 느낄 수가 없습니다.
특히 최근 몇 년 사이에 아예 봄을 잃어버린 사람들이 점점 더 많이 늘어나고 있는 실정입니다. "빼앗긴 들"은 나라가 독립되어 되찾았지만, 그 들판에 서 있는 지금의 민초들이 느끼는 감정은 희망마저 상실한 '빼앗긴 봄'일 것입니다. 이들에게 봄은 풍요의 계절이 아닌 삶이 더 처절한 춘궁기(春窮期)일 뿐입니다.

　이제 한국교회는 풍요를 꿈꾸는 허탄함에서 벗어나 '봄을 빼앗긴 자'들을 위해 무엇을 할 것인가를 고민할 때가 되었다고 봅니다. 성경 속에 예수님이 베푼 많은 사건들은 '봄을 빼앗긴 자'들에게 봄을 찾아주는 일이었습니다.

　나는 우리교회가 세상에 몇 안 되는 봄을 나누는 아름다운 교회라고 믿고 있습니다. 그러기 위해 믿음의 씨앗을 자신의 마음 밭에 파종하는 일이 우선되어야 하는데 그것이 바로 교회생활이라 여겨집니다.

들음을 위한 묵언(默言)

불교에서는 '묵언수행'이 있고 천주교에서는 '침묵피정'이 있습니다. 비록 타 종교지만 말에 관해 수행을 하는 것을 의미 있게 바라봅니다. 그런데 이들이 행하는 묵언은 침묵과는 사뭇 다릅니다. 침묵은 상대의 말에 귀를 닫는 단절에 가깝다면 묵언은 귀는 열고 말은 하지 않는 '들음을 위한 훈련'이라는 의미를 지니고 있습니다.

나는 여러분께 "침묵하지 마십시오. 다만 묵언을 하십시오."라고 권하고 싶습니다. 묵언의 의미를 알고 자신을 다스릴 줄 아는 사람은 귀가 열려있는 사람입니다. 왜 우리에게 묵언의 수행이 필요할까요? 성경은 "혀는 능히 길들일 사람이 없나니 쉬지 아니하는 악이요 죽이는 독이 가득한 것"(야고보서 3:8)이라고 말씀하고 있습니다.

묵언은 단지 말을 하지 않는 데 목적이 있는 것이 아닌, 말에 대한 성찰을 요구하고 있습니다. 말은 어떤 칼날보다도 날이 서 있어서 사람들에게 상처를 주기 때문입니다.

성경은 "귀 있는 자는 들을 지어다"(마태복음 11:5)라고 말씀하고 있습니다. 혀가 쉴 때 비로소 귀가 듣게 됩니다. 작금의 나라 사태도 화려한 말로 정권을 잡았지만, 국민의 소리를 들으려 하지 않는 데서 비롯된 것임을 알 수 있습니다.

설교가 마음에 들어오지 않는 이유는 귀가 닫혀 있기 때문이며 기도가 허공을 치는 것 역시 귀가 닫혀 있기 때문입니다. 이제 우리에게 들음을 위한 묵언이 필요합니다.

묵언을 하면 귀가 열리게 되는데 타인의 말뿐 아니라 내면에서 속삭이는 자신의 소리를 들을 수가 있습니다. 고요 속에서 하나님을 만날 기회가 되기도 합니다.

묵언의 열매는 개인에게는 건강한 신앙을, 교회에게는 믿음의 덕을 가져다줄 것입니다.

동행

    손자와 일본열도를 여행하면서 유적지를 찾아보기도 하고, 일본 역사와 대륙침략사, 일본의 근대화와 그들의 문화 그리고 향후 국제 정세와 동북아시아에서의 일본의 위치 등 많은 이야기를 나누었습니다. 손자와의 동행은 내가 경험한 여행 중에 가장 행복한 여행이었습니다.

    나는 이번 여행에서 엄격한 할아버지 보다는 편한 친구처럼 동행하겠다고 마음먹었기에 가급적 손자의 말을 경청하는 편이었습니다. 그는 불투명한 미래에 대한 불안과 자신의 꿈을 이야기하기도 했습니다. 특히 그는 종교에 대한 배타심이 큰 듯했습니다. 우리 가문이 대대로 기독교도였음을 강조하며 너도 같은 신앙을 가졌으면 좋겠다고 말해주었습니다.

    "하나님은 없을 것 같아요." 손자가 말했고 "하나님이 없는 것보다 있는 것이 더 낳지 않겠니?"라고 내가 대답했습니다. 하나님이 없다면 세상이 얼마나 악해졌겠는가? 하나님이 없다면 사람들이 얼마나 방종했겠는가? 내가 설명을 해주자 그가 고개를 끄덕이며 하나님은 있어야 할 것 같다고 수긍했습니다.

"예수님이 하나님의 아들이라고 하는 것은 못 믿겠어요." 손자가 물어왔을 때 "우리도 하나님의 자녀인데 예수님만 아니라면 이상하지 않니?" 내가 되물었습니다. 왜 예수님이 하나님의 아들인지, 예수님이 설파한 복음에 대해 이야기를 해주자 손자는 이해가 된다며 예수님은 믿겠는데 교회는 다니기 싫다고 했습니다.

결론은 그가 하나님의 존재나 그리스도인 예수를 부정하는 것이 아니라 교회가 싫기 때문에 그런 말을 한다는 것을 알게 되었습니다. 내가 그에게 해준 대답은 "나도 교회가 마음에 드는 것 아니지만, 하나님과 예수님에 관해 알려면 그래도 교회를 나가야 하지 않겠냐?." 고 내가 말하자 손자가 고개를 끄덕였습니다.

교회 창립주년의 의미

지난주 교회갱신에 관한 강명중 목사님의 설교 말씀이 한 주 내내 마음을 무겁게 했습니다. 그분의 정신세계에서 존경과 사랑이 느껴졌습니다. "너희는 세상의 소금이라" "너희는 세상의 빛이라."(마5:13, 14)는 말씀은 오늘 한국교회에 주신 예수님의 말씀인데 그 말씀의 저울에 한국교회를 올려놓고 보면 목사님의 심정이 이해가 갑니다.

지금 한국교회는 세상보다 더 부패했고 세상보다 더 어둡습니다. 세상의 부패를 막고 세상의 어둠을 밝혀야 할 교회가 부패하고 탐욕적이어서 세상을 더욱 부패하게 만들고 세상을 더욱 어둡게 만들지 않았나. 스스로 성찰해야 할 때입니다.

교회의 규모로 보면 세계 10대 교회 안에 한국교회가 모두 그 자리를 차지하고 있고 도시나 시골 할 것 없이 교회는 늘어나는 추세입니다. 그러나 교회로 인해 사회가 밝아졌다고 생각하는 사람은 없습니다. 목사는 더 이상 성직이 아닌 단순 직업군으로 분류되고 있으며 교인들 역시 친목단체의 수준에 머무르고 있습니다. 교회는 복음을 상실하고 이벤트 중심의 기독교 문화만 융성해 지고 있습니다. 마치 타락한 중세 유럽의 기독교 사회를 보는 것만 같습니다.

이럴 때 우리 교회가 예수님의 명령인 '소금과 빛'의 역할에 충실하게 된다면 탁류를 정화하는 한 줄기 맑은 물줄기와도 같을 것입니다.

33세에 십자가 처형을 받은 예수님은 죽음으로 하나님의 사랑을 확증하셨습니다. 창립 33주년을 맞이한 우리 고백교회는 그리스도의 사랑을 확증하기 위해 죽어야 할 나이가 되었습니다. 그래야 빛과 소금으로 부활할 수 있습니다.

어떠한 유산을 물려주시겠습니까?

성경에 나오는 이름 가운데 바돌로메, 바예수와 같이 이름자 앞에 '바'자가 들어있는 이름이 있습니다. 이는 돌로메의 아들, 예수의 아들 이라는 뜻입니다. 이들에게도 고유의 이름이 있었지만 성경은 아무개의 아들로 표현하고 있습니다. 이와 같은 호칭은 예전 우리네 관습과 별반 다르지 않습니다. 특히 혈연을 중시하는 유태사회나 동양사회에서 아버지와 아들은 개체로 인식되지 않고 하나로 인식되었습니다. 이런 연유로 이들에게서는 유산에 대한 의식이 강했습니다.

그런데 내가 생각하는 유산은 첫째로 신앙의 유산, 둘째로 정신의 유산, 셋째 가문의 유산 그리고 마지막으로 물질의 유산으로 구분하고 싶습니다. 가치 순서로 보면 사람들이 중시하는 재산의 대물림은 맨 하위에 있는 보잘것없는 것입니다.

성경 속에서 신앙을 유산으로 물려준 대표적은 인물은 디모데의 외조모 로이스와 어머니 유니게가 있습니다. 또한 정신을 유산으로 물려준 인물은 모세의 어머니 요게벳이 있으며 우리나라에도 신사임당이나 김구선생의 모친이 있습니다. 가문의 유산은 단연코 아브라함을 들 수 있습니다. 뒤에 이스라엘의 열두 지파를 이루는 영광을 얻게 됩니다.

그런데 최근에 물질을 유산으로 물려주는 일은 흔하게 볼 수 있지만, 신앙과 정신과 가문을 유산으로 물려주는 일은 좀처럼 볼 수가 없습니다. 저의 부모는 한 푼의 물질을 제게 유산으로 물려주지 않았습니다. 대신 할머니와 어머니는 제게 값진 신앙의 유산을 물려주셨습니다. 그분들은 제게 물려줄 신앙의 유산을 위해 끊임없이 노력하며 기도하였습니다.

요즘 나의 괴로움은 내가 그분들과 같지 않다는 부끄러움과 내가 바라는 유산을 물려받을 자손이 보이지 않는다는 것입니다. 사랑하는 여러분은 어떠한 유산을 물려주시겠습니까? 신앙의 유산을 물려줄 자손이 있다면 성경에 기록된 복 받은 자들의 열반에 들어가는 영광을 얻게 될 것입니다.

길 위에서 길을 묻다

예수님의 제자 도마가 묻습니다 "주여, 어디로 가시는지 우리가 알지 못하거늘 그 길을 어찌 알겠습니까?" 예수님의 대답은 "내가 곧 길이요 진리요 생명이니 나로 말미암지 않고는 아버지께로 올 자가 없다." 도마는 땅의 길을 생각하고 길을 묻지만 예수님의 대답은 하늘의 길을 말씀하고 있습니다.

사람들은 여전히 2천 년 전 도마처럼 길을 묻습니다.
"주여, 제 앞길은 어떠하겠습니까?"
"주여, 우리가족의 앞길은 어떠하겠습니까?"
그리고 평탄한 길을 간구합니다. 교인들끼리 나누는 이야기들은 도마와 같이 땅에 길을 말합니다. 걸어온 지난날의 길과 또 걸어가야 할 길에 관해 이야기를 합니다. 모두가 땅에서 살아가는 길을 이야기 합니다.

예수님께서 부활하신 후에야 도마를 비롯한 제자들은 예수님의 말씀을 이해했을 것입니다.

우리는 길 위에서 길을 물어야 합니다. 살면서 땅에 것에만 집착하지 않고 영혼의 문제에 관해 하나님께 물어봐야 합니다. 빛을 향해 가는 길을 물어봐야 합니다. 그러면 하나님은 스스로 깨닫도록 기다리시기도 하시고 문득문득 대답해 주시기도 합니다.

"내 생각은 너희 생각과 같지 않고 너희 길은 내 길과 같지 않다." (이사야서 55:8)는 말씀과 같이 비록 우리가 이해할 수 없어도 기도와 간구로 묻고 또 물어야 합니다.

왜냐하면 하나님이 마련해놓으신 길은 우리가 알 수 없는 신비로운 구원의 길이기 때문입니다. 신앙생활은 바로 길 위에서 길을 묻는 삶입니다. 목사님과 전도사님 그리고 장로님들이 바로 길과 진리, 생명 되신 예수님을 쉽게 풀어 설명해 주시는 분들이라 생각합니다.

성전 돌 같이 긴하게 하소서

대개 교회당을 가보면 앞쪽에 머릿돌이라고 새겨진 돌을 보게 됩니다. 이것을 보면 "건축자들의 버린 돌이 모퉁이의 머릿돌 되었다"는 주님의 말씀을 떠올리게 됩니다. 참으로 의미심장한 말씀입니다. 바로 교회는 세상에서 쓸모없다고 버려진 사람들이 교회에서는 머릿돌과 같이 긴요하게 쓰인다는 의미이기도 합니다.

머릿돌을 다른 말로 하면 주춧돌이라고도 하는데 건물을 떠받들고 있는 역할을 합니다. 건물을 잘 떠받들기 위해서는 기둥을 떠받치고 있는 주춧돌이 일정하게 균형을 유지해야 합니다. 돌이 커서도 안 되고 작아서도 안답니다. 또한 주춧돌은 건물의 무게를 지탱할 만큼 단단해야 합니다. 쉽게 부서지는 돌은 주춧돌로 쓸 수가 없습니다. 그리고 주춧돌은 수백 년 건물을 받치고 있을 정도로 변함이 없어야 합니다. 균열이 있어서는 결국 건물이 무너지고 맙니다.

우리 교회는 얼마 전에 몇 분의 장로님을 세우고 또 얼마 후에 몇 분의 장로님을 더 세울 계획입니다. 그런데 이분들은 주의 성전에서 머릿돌과 같은 분들이라고 생각합니다. .

위에서 말씀드린 주춧돌과 같이 균형 있는 교회가 되기 위해서는 장로님들이 높아지려 하거나 교만하지 말고 서로 격려하며 짐을 나누어져야 합니다. 또 주춧돌처럼 신앙의 지조가 단단해서 흔들림이 없어야 합니다. 어떠한 경우에도 교회를 떠난다거나 교회와 반목하지 않고 주춧돌과 같은 인내를 가져야 합니다.

이분들이 교회를 사랑하는 고백이 찬송가의 "성전 돌 같이 긴하게 하소서" 가사와 같기를 간절히 바랍니다.

"꽃 아닌 것 없다"

남원에 사는 복효근 시인이 시집을 보내왔는데 책의 제목이 "꽃 아닌 것 없다"였습니다. 마침 문화재단에서 출간비를 받아 출판하고자 하는 시집이 『김상현의 밥시』인데 그간 머릿속이 온통 "밥 아닌 것 없다"는 생각에 사로잡혀 있던 터라 그분의 시편을 읽기 전에 책 제목에서 세상을 바라보는 긍정의 힘을 느끼게 되었습니다.

세상을 어떻게 바라보는가에 따라서 세계관이 달라집니다. 세상이 살만하다는 긍정의 시각으로 보면 세상은 온통 꽃밭입니다. 살면서 만나는 모든 사람들이 꽃이며 자신에게 닥친 크고 작은 사건들이 모두 꽃입니다. 이런 사람에게는 작은 일에도 감사하며 감동을 하게 됩니다. 복음송가의 가사처럼 '날 구원하신 것도, 지난 추억도, 향기로운 봄철도, 외로운 가을날도, 사라진 눈물도, 응답받지 못한 일도, 헤쳐 나온 풍랑도, 아픔과 기쁨, 절망 중 위로를 감사하며, 길가에 장미꽃과 그 가시도 감사'하게 됩니다.

사랑하는 교우 여러분! 지금 목사님이, 장로님들이, 권사님들이, 집사님들이, 어린아이들이, 오늘 처음 교회에 나오신 분이 꽃으로 보이십니까? 그렇게 보인다면 당신이 꽃입니다. 계절과 관계없이 사시장철 피어있는 꽃입니다. 향기 가득한 꽃입니다.

제가 처음 고백교회에 와서 느낀 점은 꽃 아닌 분이 없다는 이상한 끌림이었습니다. 시들지 않는 꽃으로 피어 있기 위해서는 항상 긍정적 사고를 해야 합니다. 교회생활에서 만약 어떤 분이 나와 다른 생각을 하고 있다면 비판하거나 설득시키려 하지 말고 '나와 다른 꽃'이라고 인정하는 것이 중요합니다. 다양한 사람들, 다양한 생각을 하는 분들이 모인 교회는 다양한 꽃들이 핀 아름다운 꽃동산이기 때문입니다.

"잠잠하라!"

품행이 단정한 자, 마음이 정직한 자, 인격소양이 갖추어진 자, 많이 배운 자, 많이 가진 자, 사회적으로 신분이 높은 자, 취미가 고상한 자, 이런 사람은 사교모임에 적합한 사람입니다.

예수님을 주로 섬기는 교회는 어떤 모습이어야 할까요?

가난한 자, 병든 자, 세상으로부터 천대받는 자, 의지할 곳이 없는 과부와 고아, 외로운 자, 고독한 자, 삶에 회의를 느끼는 자, 말 못할 고민이 있는 자, 죄가 있는 자, 그 죄로 인해 고통받는 자, 이런 사람이 찾아오는 곳이 교회입니다. 신분의 높고 낮음과 남녀노소, 인종에 구분이 없이 아무나 올 수 있는 곳이 바로 교회입니다. 예수님은 그들의 친구가 되어주며 위로자가 되어 줍니다. 그들은 그리스도 안에서 형제와 자매된 우리들로부터 위로받기를 원합니다.

그런데 만약 우리 중에 이들의 약점을 들추어내서 비방한다면 그들은 교회를 떠나고 말 것입니다. 이런 사람은 우리의 질고를 지신 예수님을 왕따 시키고 결국 십자가에 못 박은 제사장과 서기관과 바리세인과 다를 바 없습니다.

이런 어리석은 사람에게 성경은 "어찌하여 형제의 눈 속에 있는 티는 보고 네 눈 속에 있는 들보는 깨닫지 못하느냐."(마태복음7:3)며 꾸짖고 있습니다. 교회는 죄인이 찾아오는 곳이지 천사가 오는 곳이 아닙니다. 죄인을 부르시는 예수님의 음성을 당신이 막아선다면 어찌 해야 하겠습니까?

형제나 자매의 티를 들추어내는 사람이 있다면 나는 페미니즘에 관한 신학적 논쟁을 떠나서 "모든 성도의 교회에서 함과 같이 여자는 교회에서 잠잠하라."(고린도전서 14:34)는 바울선생이 고린도교회에 한 말이 우리교회에도 적용되어야 한다고 봅니다.

부디 예수님이 찾는 죄인의 대열에 함께 서서 주님이 피로 사신 교회를 허무는 일만은 하지 않기를 소망합니다.

일상의 말이 유언이 되기도 합니다

지난주에 우리교회에서는 이선단 권사님이 소천하셨습니다. 권사님은 저와 생일이 엇비슷해서 제가 이 교회에 처음 나와 낯가림이 있을 때 권사님 댁에서 함께 생일잔치를 한 적이 있습니다. 연로하신 연세에도 곱고, 인자하며, 믿음이 돈독한 분이구나 하는 느낌이 교회에서 뵐 때마다 느껴지는 어르신이셨습니다.

권사님의 최근 근황은 생의 경주를 다 마치고 마치 시상을 기다리는 달리기 선수와도 같았습니다.

소천하시기 전에 뇌경색으로 쓰러져 말씀을 못 하셨는데 권사님을 모시고 있는 며느리에게 여느 때와 같이 "잘 다녀오너라." 하신 말씀이 마지막 말씀이었다고 합니다.

"잘 다녀오너라." 일상의 말 같지만 곰곰이 생각해 보면 그 말씀은 이선단 권사님다운 정갈하면서도 사랑이 담긴 함축적인 유언이었다는 생각이 듭니다.

날마다 우리의 삶이 '잘 다녀오는 삶'이 된다면 얼마나 보람이 되겠습니까? 사람의 불행이 모두가 '잘못 다녀온' 결과이고 보면 권사님께서는 가장 적절한 유언을 남기시고 떠나신 것입니다.

죽음은 순간을 가르고 지나가는 칼날과도 같아서 준비된 유언을 남기지 못하는 경우가 허다합니다. 그래서 일상의 말이 유언이 되기도 합니다. 만약에 그렇게 남겨진 유언이 원망과 미움이 있는 것이라면 유족에게는 큰 상처가 될 것입니다. 그러므로 그리스도인의 일상의 말은 늘 축복의 말이 되어야 합니다.

이선단 권사님은 주가 마련한 천의(天衣)로 갈아입고 주의 보좌 앞에 나아가 "잘 다녀왔습니다."라고 환하게 보고할 것입니다. 권사님의 유언, "잘 다녀오너라."는 우리 모두에게 주신 유언이기도 합니다. 그래야 후일에 우리도 본향에서 "잘 다녀왔습니다."라고 하지 않겠습니까?

우리는 탄식하는가?

"오호라 나는 곤고한 자로다. 이 사망의 몸에서 누가 나를 건져내랴"(로마서 7장 24절) 바울의 이 탄식은 선을 행하기 원하는 자신 속에 악이 함께 존재하고 있음을 비통해하는 내용입니다. 바울의 탄식에서 보듯 하나님의 말씀에 순종하려는 마음과 악임에도 불구하고 세상의 이치를 따라가는 우리의 모습을 찾아보게 됩니다.

선과 악은 빛과 어둠이 동시에 존재하는 하루와도 같습니다. 종이를 오려서 뫼비우스의 띠를 만들고 한 면을 따라가 보면 안과 밖이 구분되지 않습니다.

겉과 속이 다른 사람을 표리부동(表裏不同)한 사람이라고 말하는데 사람의 마음에는 착한 마음과 악한 마음이 동시에 존재하는 뫼비우스의 띠와 같습니다.

천사라고 믿었던 사람에게서 악마의 모습을 발견하는가 하면 악한 사람이라고 생각했던 사람에게서 천사와 같은 선한 모습을 발견하기도 합니다. 바로 이 같은 인간의 이중성이 우리의 모습입니다.

일반 사람들이 생각하기에 교회는 천사와 같은 사람들이 모이는 곳으로 오해하기 쉽습니다. 하나님을 찾아 교회에 나오는 사람은 덜 악한 사람일 것이라고 믿는 사람들이 많습니다. 그런데 아닙니다. 교회 다니는 사람들이 세상 사람들보다 더 나쁘다는 말을 듣는 것은 부끄럽지만 틀린 말은 아닙니다. 교회는 죄 없는 자가 나오는 것이 아니라 악한 자, 죄인 중에 괴수가 예수를 만나기 위해 나오는 곳이기 때문입니다.

문제는 오늘날 많은 기독교인 중에 바울과 같이 곤고함을 인식하거나 자신을 자각하는 탄식이 없다는 사실입니다. 교회는 죄인을 위해 십자가를 지신 예수를 만나는 곳이 아니라 사람과 사람을 연결해주는 중계인 예수가 존재하는 곳이 되었습니다. 한국교회는 죄의 고백과 눈물이 사라지고 만남과 사교의 장소가 된 지 오래입니다.

기독교 문화는 융숭한데 복음이 없다면 무슨 소용이 있겠습니까? 교회가 많은데 이 땅이 변하지 않는다면 무슨 소용이 있겠습니까? 바울처럼 탄식하는 자를 하나님은 찾으십니다.

청지기에 관해

　독일 '하노바'라는 도시에 시청사로 쓰고 있는 14세기에 세워진 아름다운 석조건물이 있습니다. 우리 돈으로 천오백 원을 내면 곡선으로 오르는 승강기를 타고 그 건물의 꼭대기 전망대에 오를 수 있습니다. 전망대에서 내려다보는 건물 뒤편의 공원과 호수는 아름답기가 한 폭의 그림 같아서 경탄을 자아내게 합니다.

　그 호숫가에는 '둘리우스'라는 사람의 석상이 있습니다. 그는 독일의 역사 속에 등장하는 인물이거나 '하노바'의 역사를 바꾸어놓은 인물이 아닙니다. 그는 그 공원의 정원관리사에 불과합니다.
　공원을 찾아오는 사람들을 위해 청소를 하고 나무와 꽃을 가꾸며 평생을 보낸 그를 기리기 위해 사람들이 그의 석상을 세웠습니다. 인적이 드문 숲에서 평생을 보낸다는 것은 쉬운 일이 아닙니다. 그가 그 일에 보람을 느끼지 않았다면, 그가 그 일을 자랑스럽게 생각하지 않았다면, 도중에 정원 가꾸는 일을 포기했을 것입니다.

지난 주일날 우리교회는 올해 각 분야에서 일할 청지기를 세웠습니다. '청지기'란 용어를 현대어로 표현하면 '관리사'쯤 되는데 나는 일을 맡은 청지기가 위 이야기 속의 정원관리사 '둘리우스'와 같다면 좋겠다는 생각을 했습니다.

평소에도 정원관리사의 마음은 온통 정원에 가 있습니다. 물을 주고 잡초를 뽑으며 나무를 다듬습니다. 누가 시켜서가 아니라 자신이 해야 하기 때문에 묵묵히 그 일을 감당합니다. 정원관리사는 비바람이 불면 잠을 못 잡니다. 혹 나무들이 부러지거나 쓰러지지는 않을까 걱정을 합니다.

바로 우리교회 청지기는 이러한 마음이어야 합니다. 남을 돌볼 때는 왼손이 하는 것을 오른손이 모르게 해야 하며, 봉사할 때는 소리없이 해야 하며, 성도의 교제는 남의 말을 옮기지 않아야 하며, 기도할 때는 외식을 버리고 속울음같이 진실해야 합니다. 정원관리사가 비바람이 불면 잠을 못 이루듯 그리스도의 지체가 비바람과 같은 어려움에 처했을 때 청지기가 잠을 이루지 못하다면 그가 아름다운 청지기입니다.

예수로 살기

우리교회가 엄동설한에 고생하는 장애인의 주거환경을 개선해 주고 그 영상을 지난주 예배시간에 보여 주었습니다. 영상 속에는 낯익은 예수가 있었습니다. 도배해 주는 예수, 마루를 깔아주는 예수, 전기설비를 해주는 예수, 청소를 해주는 예수, 그 예수들 틈에 일을 거들어 주는 어린이 예수도 있었습니다.

그리스도로 지체된 형제들이여! 우리가 여기까지 오기까지는 맨 먼저 예수가 어떤 분인가를 알고, 그다음에는 예수가 그리스도임을 믿고, 마지막에는 변화되어 예수로 사는 것이 목표였습니다.

그런데 그간 우리는 예수 알기에만 열심을 내었거나 예수 믿기에만 열심을 낸 것은 아니었는지 반성해볼 일입니다. 예수 알기나 예수 믿기는 예수로 살기 위한 과정일진데 너무나 많은 시간을 여기에만 매달리지 않았나 싶습니다.

예수 알기에만 열심인 사람은 지식에 빠져 남을 비판하기 쉬우며,

예수 믿기만 열심인 사람은 이기심에 빠지기 쉽습니다. 우리 자신이 예수로 살 때만 내가 안 예수를 보여줄 수 있으며 내가 믿는 예수를 삶으로 증거 할 수 있습니다.

예수 알기와 예수 믿기가 머리로 받아들이는 것이라면 예수로 사는 것은 행동으로 실천하는 것입니다. 그러므로 우리교회가 오래전부터 실천해오고 있는 낮은 곳에 있는 사람들에게 삶을 나누어주는 일은 예수로 사는 아름다운 모습입니다. "지극히 작은 자 하나에게 한 것이 곧 내게 한 것이라"(마태복음25:40)는 예수님의 말씀을 실천하는 사랑운동입니다.

마태복음 25장 말씀에 따르면 굶주린 자가 예수며, 목마른 자가 예수며, 나그네가 예수며, 헐벗은 자가 예수며, 병든 자가 예수입니다. 여러분은 예수님을 사랑하십니까? 예수님을 사랑하는 방법은 성경이 말씀하고 있는 "지극히 작은 자 하나"를 외면하지 않고 돌보아 주는 사랑운동입니다. 이것이 예수로 살기입니다.

뿌리에 관한 단상

사람들은 꽃의 화려함이나 잎사귀의 푸름에 감탄하며 나무를 보지만 그 나무를 키우며 지탱하는 뿌리를 생각하지는 않습니다. 꽃과 잎은 눈에 보이지만 뿌리는 흙 속에 감춰져 있기 때문입니다. 뿌리가 튼튼하지 않은 나무는 오랫동안 성장하지 못할 뿐 아니라 큰바람이 불면 넘어지고 맙니다.

같은 나무라도 꽃과 잎사귀는 따스한 햇볕을 받으며 사람들로부터 사랑을 받지만 뿌리는 어두운 땅속에서 다른 나무의 뿌리들과 치열한 경쟁을 하면서 자신의 나무를 지켜냅니다.

사람도 나무와 같습니다. 꽃이나 잎사귀와 같이 보이는 부분이 육체라고 한다면 사람에게 뿌리는 보이지 않는 마음, 의식, 정신, 지식, 지혜, 믿음과 같은 것이라 하겠습니다. 인간의 존재를 말할 때 육체만을 가지고 '존재한다'고 하지 않습니다. 오히려 사람은 의식할 때 존재한다고 말합니다. 그러므로 사람은 그 뿌리에 근원을 두고 평가하게 됩니다.

신앙도 그렇습니다. 바리세인들은 사람들에게 잘 보이려고 길거리 나와서 기도를 하는가 하면 율법으로 모든 사람들의 삶을 정죄하였습니다. 이것은 신앙의 뿌리가 없는 악행으로 예수님께서도 이들을 향해 '외식하는 자'라며 꾸짖었습니다.

만약 우리 안에 '이 사람은 어떻고 저 사람은 어떻다.'라고 수군거리거나, '이 사람은 신앙이 있고 저 사람은 신앙이 없다.'라고 비판하는 사람이 있다면 이는 신앙의 뿌리가 없는 바리세인과 다를 바 없습니다.

신앙의 뿌리는 보이지 않습니다. 오직 하나님만이 알 수 있습니다. 우리는 성령의 열매, 곧 사랑과 희락과 화평과 오래 참음과 자비와 양선, 충성과 온유와 절제를 구현하며 살아가려고 끊임없이 노력할 때 그 뿌리는 보다 튼튼해 질 것입니다.

비판하지 마십시오! 우리에게 보이는 성도의 모습은 꽃이나 잎새에 불과합니다.

실망하지 마십시오! 뿌리가 튼튼하기 때문에 교회에서 함께 믿음 생활을 하는 것입니다.

교회권력에 대하여

글을 쓰면서 이토록 고민에 빠져본 적은 없습니다. 70년대에 들어서 한국교회의 양적 성장은 물질중심의 기복신앙과 교회의 대형화와 타락, 목회자의 세습 그리고 복음이 사라진 가운데 기독교문화가 그 자리를 차지하게 되었습니다. 나는 신학자가 아닌 평신도가 바라보는 교회의 문제점을 지적함으로써 교회갱신에 도움을 주고 싶었습니다. 그래서 200쪽이 넘은 책의 원고를 쓴지가 10년이 넘었는데 막상 책을 내려고 하니 망설여졌습니다. 가뜩이나 한국교회를 바라보는 사회의 눈이 곱지 않은 터에 나의 이런 행동이 교회갱신보다는 오히려 한국교회를 핍박하는 논거를 만들어 주는 것이 아닐까 하는 걱정이 들었기 때문입니다. 고민 끝에 우리교회 목사님께 원고를 보내드려 의견을 여쭤 보았는데 목사님은 원고를 꼼꼼하게 읽어보신 후 내용에 부합되는 성경구절을 일일이 찾아주셨습니다.

원고를 출판사에 넘기고 교정을 보는 중에 자칫 소송에 휘말릴 염려가 있겠다는 의견이 있어서 원고를 들고 변호사를 찾아가 자문을 구해봤습니다. 원고에는 대형교회 문제점과 목회자에 대한 비판이 들어 있었는데 변호사 이야기는 너무나 충격적이었습니다.

내용이 방송에 방영되었으며 신문이나 인터넷에 기사화된 것들이지만 해당 교회가 이를 문제 삼아 소송을 제기하면 이미 언론매체를 통해 발표된 사실 여부와는 관계없이 내가 그 내용에 관해 사실을 입증해야 한다는 것이었습니다.

한국교회가 병들어가면서도 갱신하지 못하는 이유가 아무도 교회권력을 건드릴 수 없기 때문이라며 특히 대형교회에는 권력을 가진 자가 많기 때문에 자신이 소속된 목회자를 보호하려고 소송도 불사하게 될 것이라고 했습니다. 예수님 당시 유대가 그러했듯이 이 땅에 가장 무서운 권력은 교회라고 말했습니다. 마땅히 갱신해야 할 대상은 하나님의 권세에 못지않은 권세를 부리는 자들이라고 말했습니다.

나는 교회갱신을 위해 몸을 던지 독일의 종교개혁자 마틴 루터를 생각했습니다. 교회권력에 맞선 그의 용기가 정말 위대하다는 것을 실감하게 되었습니다. 나는 지금 비겁하게도 권력자들을 피해갈 궁리를 하면서 원고를 고치려고 하고 있습니다. 괴로움의 중심은 내가 비판해야 할 사람들을 두리뭉실하게 안갯속으로 밀어 넣는 비겁함입니다.

다름에 관해

모처럼 체크무늬가 있는 원피스를 사서 입고 외출을 했는데 똑같은 옷을 입은 사람이 장터 골목에서 순대를 팔고 있어서 다시는 그 체크무늬 옷을 입지 않았다는 여자의 이야기를 들은 적이 있습니다. 그녀는 명동이나 압구정동을 걷고 있는 귀부인이 같은 옷을 입었다면 덜 창피했을 것이라는 말을 덧붙였습니다. 그 여자의 말에 공감하지는 않지만 나는 일반적인 여자의 심리를 엿볼 수 있었습니다. 옷이야 바꿔 입으면 되지만 만약에 똑같이 닮은 사람이 있다면 어떨까요. 별로 유쾌하지 않을 것입니다.

그런데 자신과 같은 옷을 입었다거나 자신과 닮았다는 이유로 기분을 상해하면서 자신과 마음이 같지 않다고 불편해하며 싸우는 경우를 보면 사람의 마음이란 이율배반이라는 생각이 듭니다. 각기 다른 옷, 각기 다른 생김새가 마음이 편하다면 각기 다른 생각, 다른 행동을 하는 것 또한 편해야 하지 않겠습니까?

우리는 다름에 관해 인색하며 다름을 틀림으로 간주해 버립니다. 다름(Different)은 인정의 대상으로 존중되어야 하며 틀림(Wrong)은 옳음의 반대개념으로 바르게 세워야 함에도 불구하고 이를 혼동하는 경우가 많습니다.

요한복음 4장에서 예수님과 사마리아 여인 간에 있었던 우물사건에서 보듯 서로의 다름을 인정하면서 시작된 대화는 '영원히 목마르지 않는 생수'에 관해 접근하게 되고 결국 사마리아 여인에게서 긍정적인 반응을 얻어내게 됩니다. 여기에서 바로 다름을 인정하는 예수님의 대화법을 발견하게 됩니다.

내가 나를 인정하듯 타인을 인정하는 것에서 인간관계를 시작하는 것이 무엇보다 중요합니다. 우리는 자칫 내가 만든 신앙의 틀 속에 상대를 끼워 맞추고 그 규범에서 벗어나면 비판하는 잘못을 저지르는 경우가 있습니다. 전혀 다른 인격체가 모여 교회를 이루고 각자의 생각을 공유하는 경이로움은 무엇으로도 끊을 수 없는 예수님의 사랑, 그 사랑의 줄로 연결되어 있기에 가능한 일입니다.

말의 권능

언어는 존재의 집이라고 말한 철학자 하이데거는 언어는 세계의 사물을 불러낼 수 있는 능력을 갖추고 있다고 주장하면서 "언어는 입의 꽃이다. 그 안에서는 대지가 하늘의 꽃을 향해 개화한다."고 하였습니다. 즉 말에는 권능이 있다는 뜻입니다.

하나님은 말씀으로 천지를 창조하셨고 예수님은 말씀으로 사탄의 유혹을 이기셨으며 귀신을 쫓아내고 병자를 고치셨습니다.

그런데 예수님의 제자를 자처하는 우리들은 왜 말에 권능이 없을까요. 성경은 이에 관해 이렇게 말씀하고 있습니다.

"나의 반석이시오. 나의 구속자이신 여호와여 내 입의 말과 마음의 묵상이 주의 앞에 연납되기를 원하나이다."(시편19:14)

입술의 말이 하나님께 기쁨이 될 때 권능을 갖습니다. 입술의 말이 마음의 묵상과 함께할 때 권능을 갖습니다. 우리의 말이 권능을 잃어버리는 이유는 탐욕과 일상적인 잡담, 허탄한 수다, 자신의 성찰이 없는 남에 대한 비판과 비난이 말의 중심을 이루고 있기 때문입니다.

말에 권능이 있는 축복은 풍성한 결실을 목도할 수 있으며 말에 권능이 있는 기도는 이루어지는 것을 체험하게 됩니다.

말은 씨앗과 같아서 뿌린 대로 거두게 됩니다. 누군가를 위로하면 위로를 받게 되며 누군가를 축복하면 복을 받게 되며 용서할 수 없는 이를 용서하면 내가 용서받을 수 없는 처지에서 용서를 받게 됩니다. 반면에 원망하게 되면 내 속에 원망이 쌓이고 미워하면 내 속에 미움이 쌓여 결국 지옥 같은 고통을 스스로 겪게 됩니다.

여러분은 어떠한 말을 뿌려서 어떠한 결실을 추수하고 있습니까? 알곡이 여문 곡식이 아니라 잡초만 무성하지는 않습니까? 이제는 말에 권능을 얻기 위해 그리스도인으로서 덕이 되지 않는 어떠한 말도 하지 마십시오. 이것이 그리스도인의 본분입니다.

크리스마스트리가 뭣이기에

12월이 되면 크리스마스트리는 교회 외에도 백화점과 마트는 말할 것도 없고 도시의 번화가를 화려하게 장식합니다. 또 화원마다 크리스마스를 상징한다는 붉은 포인세티아 꽃이 날개 달린 듯이 팔리는 것을 보면 크리스마스의 이미지가 예수 장사꾼의 수완을 보는 것만 같습니다.

내게는 크리스마스트리에 관해 부끄러운 기억이 있습니다. 어렸을 때부터 성탄절이 되면 크리스마스트리를 보아왔기에 성탄절에는 당연히 교회에 크리스마스트리가 있어야 한다고 생각했습니다. 그런데 내가 다니던 언덕 위의 자그마한 교회는 트리를 만들어 세울만 한 돈이 없었습니다. 중학생이었던 나는 교회에 함께 다니던 친구에게 우리가 멋진 크리스마스트리를 만들어 놓자고 제안을 했습니다. 주님은 우리가 만들어 놓은 멋진 크리스마스트리를 보시고 얼마나 좋아하실까 생각하니 흥분이 되었습니다.

그날부터 어디에 멋진 크리스마스트리감이 있을까 하고 둘이서 돌아다녔는데 마침 학교화단에서 그럴듯한 모양의 전나무를 발견하게 되었습니다. 급기야 우리는 모두 잠이 든 깊은 밤에 학교 담을 뛰어넘어가 전나무를 베어서 교회까지 운반을 하였습니다. 그리고 둘이서 밤새 크리스마스트리를 만들었습니다. 양심의 가책이라고는 조금도 없었습니다. 오직 주님께서 기뻐하실 것이라는 생각이 전부였습니다.

그런데 그 일은 두고두고 나를 괴롭혔습니다. 특히 12월이 되고 크리스마스트리를 보면 전나무를 베어 담을 넘던 그때의 부끄러운 내 모습이 오버랩 됩니다. 나는 예수님과 무관한 크리스마스트리에 관한 기원을 찾아봤으나 어디에서도 교회가 크리스마스트리를 해야 할 만한 이유를 발견하지 못했습니다.

오늘 내가 말하려고 하는 핵심은 크리스마스트리가 아니라 내가 어렸을 때 그랬던 것처럼 지금 우리는 주님이 기뻐하실 것이라는 생각에 혹 잘못된 관습을 따르고 있지는 않은지 곰곰이 생각해볼 일입니다.

풍성한 엔딩, 에필로그

3년이 넘게 매주 평신도 단상이라는 짧은 칼럼을 주보 한 면에 게재하였습니다. 이렇게 써서 여러분과 나눈 글이 200자 원고지로 1,000매 가까운 분량이 되었습니다. 내년 봄쯤이면 한 권의 신앙서적으로 출간되어 교회 밖에 계신 분들에게도 읽힐 기회가 있으리라는 기대를 해봅니다.

원고를 쓸 때마다 나를 돌아보는 계기가 되었기에 교회와 여러분에게 오히려 감사를 드립니다. 무슨 말씀을 함께 나눌까 하는 생각은 늘 제게는 부담스러웠지만, 한편으로는 가슴 벅찬 기쁨이기도 했습니다. 비록 어눌한 글이지만 여러분의 마음에 담겼으면 좋겠다는 소박한 심정으로 글을 썼습니다.

함께 나눈 주제만도 인생과 사랑과 용서, 깨달음과 성찰, 고난과 기도, 은혜와 자유, 그리스도인의 거듭남, 영혼에 관한 묵상, 전쟁과 평화, 생명에 관한 사유, 하나님의 섭리, 교회와 신앙, 사람의 마음, 기도에 관한 생각 등 수 많은 주제를 이야기로 풀어 주보에 실었습니다.

많은 분들이 고맙게도 "잘 썼다, 좋았다, 마음에 와 닿았다"라고 제게 말했습니다. 그러나 제 글을 읽고 그 글이 지향하는 대로 살기로 결심을 했다든가 삶이 변화되었다고 말하는 분은 단 한 분도 없었습니다. 때문에 그간의 제 글이 죽은 글이었다는 생각에 실망하기도 했습니다. 제가 얻은 결론은 나는 글로 여러분의 마음은 살 수 있지만, 변화는 시킬 수 없다는 확신이 들었습니다. 변화는 성령님만이 할 수 있다는 지극히 신앙적인 답을 얻었습니다.

그럼에도 쉬지 않고 글을 쓴다면 성령님의 교통하심이 저와 여러분 사이에 은혜를 더하시리라는 믿음을 잃지 않았습니다. 한 권의 책을 엮을 수 있는 풍성한 엔딩에 감사하며 은혜와 평강을 기원합니다.